Irene Goldmann: Liebe dich selbst, sonst liebt dich keiner
Ein neues Selbstwertgefühl für Frauen

Irene Goldmann

Liebe dich selbst, sonst liebt dich keiner

Ein neues Selbstwertgefühl für Frauen

1. Auflage 2009
Verlag Via Nova, Alte Landstr. 12, 36100 Petersberg
Telefon: (06 61) 6 29 73
Fax: (06 61) 96 79 560
E-Mail: info@verlag-vianova.de
Internet: www.verlag-vianova.de
Umschlaggestaltung: Kommunikationsdesign Guter Punkt, München
Bildnachweis: © Petra Mezei / shutterstock
Satz: Sebastian Carl
Druck und Verarbeitung: Fuldaer Verlagsanstalt, 36037 Fulda

ISBN 978-3-86616-125-2

Widmung
Meiner Schwester

Danksagung

Ich danke

meinem Verleger Werner Vogel für seine Klarheit und Zielstrebigkeit und für das wunderbare Gefühl, mit meinem Buch im Verlag Via Nova gut aufgehoben zu sein!

dem Musiker King David, der wie kein anderer an mich glaubt, mich unterstützt und inspiriert. Danke für den Tee und die Erlaubnis, Deinen PC zu benutzen!

dem Autor und Consultant Mathias Köthe, der sich mit viel Geduld durch meine Entwürfe gearbeitet hat. Ihre konstruktive Kritik hat dem Buch sehr gut getan!

meinen Kolleginnen und Kollegen bei Habel & Schlapp Darmstadt für den Rückhalt in schlimmen Zeiten.

Ihr seid großartig!

Inhalt

Teil I

Die Lüge vom „Schlaraffenland Liebe"

„Die Süßigkeit
Des Honigs widert durch ihr Übermaß
Und im Geschmack erstickt sie unsre Lust.
Drum liebe mäßig;" (1)

(WILLIAM SHAKESPEARE, ROMEO UND JULIA)

Einleitung

Mein Leben hat sich verändert. Eine der Schlüsselszenen aus meiner Vergangenheit ist folgende: Ich stehe weinend in der Küche beim Abwasch und frage mich, warum mein Freund wie so oft den Nachmittag nicht mit mir verbringen möchte. Ich hasste dieses erniedrigende Gefühl, abgelehnt zu werden. Ich litt und war wütend. Vor allem aber war ich verdammt dazu, tatenlos zuzusehen, wie er seine eigenen Wege ging. All meine Bitten, Vorschläge, Vorwürfe – nichts half. Bis ich eines Tages anfing, loszulassen und mich um mich selbst zu kümmern. Ich begann, mir selbst die Liebe zu schenken, die ich von einem Mann offensichtlich nicht bekam...

Heute bin ich geradezu unverschämt glücklich. Ich bin selbstständiger, erfolgreicher und habe Ziel und Sinn in meinem Leben gefunden. Vor allem aber bin ich viel weniger einsam. Natürlich ärgere ich mich immer noch ein bisschen über die Absage eines Mannes. Heute habe ich aber sehr schnell eine Alternative zur Hand und durch meine vielen Pläne und Vorhaben ohnehin nicht mehr die Zeit, mich lange mit solchen Ärgernissen aufzuhalten.

Auf dem Weg dahin habe ich zwei Dinge festgestellt: Erstens, dass meine Zufriedenheit in dem Maße zunahm, in dem ich meine Energie von einem Mann weg auf mein eigenes Wohlbefinden konzentrierte – und zweitens, dass es viele andere Frauen gibt, die ähnliche Erfahrungen wie ich in meiner Vergangenheit gemacht haben. Schon während ich noch ganz am Anfang meines neuen Lebens stand – mir war noch gar nicht bewusst, dass ich dabei war, eine große Veränderung einzuläuten –, habe ich begonnen, was mir durch den Kopf ging, aufzuschreiben. Was dann folgte, war ein Prozess, in dem sich, was ich zu Papier gebracht hatte, mit dem befruchtete, was ich in der Praxis ausprobierte und dann wieder, verändert und verbessert, niederschrieb.

Ich hatte zuerst gar nicht vor, ein Buch zu schreiben. Es ging mir in erster Linie darum, mir selbst Mut zu machen. Als ich kurz vor Fertigstellung des Manuskripts zu diesem Buch an Brustkrebs erkrankte, waren es nicht zuletzt die gute, stabile Beziehung zu mir selbst und das Vermögen, mich optimal um mich selbst zu kümmern, die mich unbeschadet durch Chemotherapie und Bestrahlung gebracht haben. Das von mir erdachte und praktizierte Konzept hat sich in diesen schwierigen Zeiten bewährt! Heute bin davon so überzeugt, dass ich glaube, damit auch anderen helfen zu können. Ja, ich sehe sogar die Notwendigkeit, Frauen zu motivieren, das unglaubliche, immer noch brachliegende Potenzial, das in ihnen steckt, zu entfalten – zu ihrem eigenen Wohl und zu dem der Welt.

Vor allem aber glaube ich herausgefunden zu haben, worin die Ursache für das Unglück so vieler Frauen liegt. Es ist diese eine, ganz besondere Vorstellung von der Liebe, mit der sich Frauen selbst behindern. Wie diese Vorstellung entstanden ist, wem sie nützt und warum sie sich hält, das zu analysieren ist mein erster Schritt, und die Grundlage für ein neues, moderneres Konzept von der Liebe zu entwickeln, das dem Glück der Frauen nicht mehr im Weg steht und dessen zentrale Idee die Notwendigkeit, sich selbst zu lieben, ist mein zweiter.

Den meisten Frauen ist diese Selbstliebe fremd. Weil sie aber elementar und unverzichtbar für ein glückliches Leben (auch Liebesleben) ist, habe ich Strategien entwickelt, mit denen sie jeder erlernen kann – Strategien, die von den grundlegenden zu den höheren keine Ebene unserer Bedürfnisse auslassen, bis es nicht mehr nur um Liebe oder Glück geht, sondern um den Kern unserer Existenz – darum, ein sinnvolles Leben zu führen.

Bei mir waren es die kleinen Schritte, die nachhaltig große Veränderungen bewirkt haben – konkrete kleine Änderungen, die ganz allein von mir abhingen und die immer leicht umzusetzen waren. Diese Methode hat mich überzeugt. Deshalb werden Sie hier auch nach ein paar theoretischen Überlegungen immer wieder Anregungen für Ihre eigenen kleinen Veränderungen bekommen – zu Ihren eigenen kleinen Schritten in ein neues Leben.

Die Liebe – ein Schlaraffenland?

Sonja zuckt zusammen, als die Wohnungstür mit einem wütenden Knall zufällt. Ihr Mann ist auf dem Weg zum Klettertraining. Weil er auch am nächsten Tag wegen eines Arbeitsessens keine Zeit hat und am Wochenende mit seinen Freunden auf Klettertour ist, haben sie gestritten. Sie verbringt ihre Abende und Wochenenden zu oft alleine. Sie beide leben nebeneinander her – ohne gemeinsame Interessen und Erlebnisse. Wenn Sonja Heiko deswegen zur Rede stellt, wird er sauer und verschwindet erst recht. Silvie, die sie in ihrer Not anruft, hat ähnlichen Kummer: So sehr ihr Freund alle Voraussetzungen zum idealen Ehemann erfüllt, so wenig ist er bereit, sich zu binden. Martin zeigt ihr immer wieder auf die ausgefallenste und romantischste Art seine Liebe. Wenn sie ihn aber auch nur auf die Möglichkeit eines Zusammenlebens anspricht, ist er anschließend tagelang nicht erreichbar. Doch Sonja und Silvie haben noch Glück im Vergleich zu ihrer gemeinsamen Bekannten: Tamaras Liebhaber hat es fertig gebracht, sie ausgerechnet an ihrem Geburtstag zu betrügen. Nun – irgendwoher müssen seine außergewöhnlichen erotischen Fähigkeiten ja kommen… Er schwor, erst durch seinen Seitensprung habe er gemerkt, wie sehr er sie liebe. Mareike, eine weitere Freundin der beiden, hat ganz andere Probleme. Deren Mann pflegt die gemeinsame Brut, riecht nach Babypuder und ist als Liebhaber so schlecht, dass Mareike die Migräne, die sie seit ihrer letzten Entbindung vortäuschen musste, inzwischen wirklich hat.

Schlechter Sex, Untreue, Einsamkeit und die Aussicht, unverheiratet zu bleiben, ist nicht, was sich diese vier Frauen unter Liebe vorgestellt haben! Keine von ihnen erlebt die ideale Kombination von Geborgenheit und Leidenschaft, die sie glücklich machen würde. Im Extremfall bezahlt eine Frau für die erotische Spannung in ihrer Beziehung mit Demütigungen und falschen Versprechungen wie Tamara oder muss wie Mareike für die Sicherheit und Hilfe, die sie von ihrem Mann erfährt, in Kauf nehmen, in sexueller Hinsicht frustriert zu werden. Die Mehrzahl der Frauen aber vermisst wie Sonja und Silvie in ihren Beziehungen liebevolle Zuwendung, Verständnis und Gemeinsamkeit.

Aus weiblicher Sicht befindet sich die Beziehung zwischen Mann und Frau schon lange in der Krise. Nun sind Frauen durchaus realistisch und können das Ideal einer Liebe von dem unterscheiden, was in der Wirklichkeit möglich ist. Sie sind bereit, Zugeständnisse zu machen. Doch die Enttäuschung bleibt, weil ihre Bedürfnisse auch in einer modernen Partnerschaft zu kurz kommen.

Niemals zuvor in der Geschichte waren für Frauen in Westeuropa und Nordamerika die Voraussetzungen günstiger, ein Leben nach den eigenen Vorstellungen zu führen. Obwohl wir – anders als der Großteil der weiblichen Weltbevölkerung – alle Möglichkeiten haben, in wirtschaftlicher und sozialer Unabhängigkeit vom Mann zu leben, wissen wir mit diesem Privileg beschämend wenig anzufangen. Es gelingt uns nicht, selbst unser Leben und Glück zu gestalten. Lieber geben wir uns einer sehr luxuriösen Form des Unglücks hin: Wir leiden an der Gleichgültigkeit des Mannes gegenüber unseren Bedürfnissen.

Unseren neuen Möglichkeiten und dem Anspruch auf persönliches Glück setzt eine Beziehungsform Grenzen, die in ihrer Form noch aus der Zeit unserer Großeltern stammt. Das enge, monogame Zusammenleben von

Mann und Frau bildet nach wie vor die Grundlage unserer Gesellschaft. So paradox es ist: Die emanzipierte Frau des 21. Jahrhunderts kann sich noch nicht einmal vorstellen, ihr Glück außerhalb einer Beziehung zu suchen. Also bleibt ihr nichts anderes, als ihre gestiegenen Ansprüche an das Leben ebenfalls an den Mann zu richten. Deshalb ist es für die heutige Frau von solcher Wichtigkeit, die Gründe für die Gleichgültigkeit des Mannes gegenüber ihren Bedürfnissen herauszufinden und ihn zu einem liebevolleren Verhalten zu bewegen.

Doch einem Mann scheint ein bisschen die Motivation zu fehlen, sich in die Bedürfnisse der Frau hineinzudenken. Hat er es nicht nötig? Schließlich ist sie es, die von ihm etwas will. Solange sie hofft, von ihm – und nur von ihm – mit Glück versorgt zu werden, spielt er weiterhin die Hauptrolle in ihrem Leben. Doch wenn er seiner Aufgabe als ihr „Glücksbringer" nicht gerecht wird, liegt es nicht nur an der Unmöglichkeit, dies zu tun, sondern auch daran, dass ihn die Exklusivität seiner Rolle zu gedankenloser Selbstsicherheit verleitet. Er weiß sich als fester Mittelpunkt im Leben der Frau. Was sollte er also ändern?

Und was tun Frauen selbst, um ihre Situation zu verbessern? Wenig, viel zu wenig in Anbetracht ihrer immensen Frustration! Sie werden ausgerechnet von demselben Liebesideal behindert, das ihre Ansprüche erst in ungeahnte Höhen geschraubt hat. Weil Sonja nämlich der festen Überzeugung ist, dass Liebende jede freie Minute zusammen verbringen, versäumt sie es zum Beispiel, am Sonntag mit einer ähnlich kunstsinnigen Freundin eine Ausstellung zu besuchen. Weil Mareike meint, monogam bleiben zu müssen, verwehrt sie sich sexuelle Befriedigung in den Armen eines anderen Mannes. Wie so viele andere sind diese beiden Frauen nicht in der Lage, ihr Leben befriedigend zu gestalten. Ihnen schwebt ein Ideal von der Liebe vor, das die Sorge um das eigene Glück unnötig macht. Sie träumen von der Liebe als einer Art „Schlaraffenland". Nur, dass in ihrer Vorstellung

von der Liebe nicht wie im gleichnamigen Märchen Flüsse aus Honig flie-
ßen und Brot auf den Bäumen wächst, sondern all ihre Bedürfnisse, sei-
en sie emotionaler, sozialer oder sexueller Natur, befriedigt werden. Die
Liebe als Schlaraffenland ist ein Ort, der ihnen alles und alles zugleich
bietet: Schmetterlinge im Bauch **und** die heimelige Vertrautheit einer jahr-
zehntelangen Bindung, heißen Sex **und** kameradschaftliches Miteinander.
Natürlich soll das „Schlaraffenland Liebe" der modernen Frau auch noch
ermöglichen, Traumkarriere und Großfamilie unter einen Hut zu bringen.

Nicht schlecht! Und wie schafft man das? Kein Problem, man muss nur
den „Richtigen" finden, das extrem variable Modell Mann, das mühelos
vom aufregenden Liebhaber zum Frauenversteher wechselt, der ohne zu
jammern die Kinder wickelt und dabei niemals seinen Sex-Appeal verliert,
der beruflich erfolgreich, sportlich, gut aussehend, weltgewandt und trotzdem bereit ist, den Badezimmerboden zu wischen. Ein Prachtexemplar, das
sich als Tröster bei prämenstrueller Depression genauso bewährt wie beim
fünfstündigen Shopping-Marathon, der wie sie bei Liebesfilmen heult und
trotzdem unglaublich männlich ist. Vor allem aber ist er willens, eine Frau
zu entlasten, wo er nur kann. Mit ihm wird sie nichts, aber auch gar nichts
vermissen: weder Liebe, Verständnis, Anerkennung und Sicherheit noch
Aufregung und Vergnügen. Er wird sie auf Händen tragen. Er ist zuständig für ihr Glück.

Und unter „Glück" verstehen wir heute einen Zustand ganz anderer
Qualität als die Menschen in der Vergangenheit. Unsere Großeltern konnten noch über die Abwesenheit von Hunger, Kälte und Schmerz Glück
empfinden. Harte Lebensbedingungen, Krankheiten, Armut, Kriege, aber
auch Standesunterschiede begrenzten die Möglichkeiten des Einzelnen.
Verzicht gehörte im Bewusstsein der Menschen selbstverständlich zum
Leben dazu und so war auch die Fähigkeit, Frustrationen zu ertragen,

besser entwickelt als heute. Wir jedoch leben auf einer ganz anderen Stufe der Bedürfnispyramide: Gesund, gesättigt und mit einem Dach über dem Kopf können wir nach anderen Glückserfahrungen streben. Außergewöhnliche Erlebnisse, Reisen in ferne Länder, aber auch der bloße Konsum mancher Dinge und natürlich die Liebe stehen ganz oben auf der Hitliste unserer Wünsche. Unsere Glückserwartungen haben neue, ungeahnte Dimensionen erreicht.

Zu dieser allgemeinen Entwicklung kommt noch die der Frau im Speziellen hinzu: Sie hat heute – Gott sei Dank! – Anspruch und Anrecht auf persönliches Glück. Erstmalig existieren die notwendigen rechtlichen und politischen Voraussetzungen. Außerdem haben Frauen ihre Kompetenzen erweitert. Die theoretischen Möglichkeiten, das eigene Leben zu gestalten, sind für junge Frauen so vielfältig, dass sie fälschlicherweise den Eindruck gewinnen, sie könnten alles und alles zugleich haben – ohne Rücksicht darauf, dass auch ihnen nur ein bestimmtes Maß an Kraft und nur sehr wenig Unterstützung von Seiten ihrer Männer und der Gesellschaft zur Verfügung steht. Keine junge Frau glaubt ernsthaft, sich zwischen Mutterschaft und Berufstätigkeit entscheiden zu müssen. Irgendwie, so denkt sie, wird sie beides schon unter einen Hut bringen. Aber auch der rasche Wechsel zwischen verschiedenen Rollen (Vorgesetzte – Mutter – Geliebte) schafft ein neues, kompliziertes Netz der Bedürfnisse: Die kompetente Geschäftsfrau verbringt einen verheulten Abend, weil ihr Geliebter nicht anruft, die überlastete Mutter attackiert ihren Ehemann, der ihr doch nur helfen wollte. Die moderne Frau kennt sich manchmal in ihren eigenen Bedürfnissen nicht aus. Dann soll der „Richtige" in die Bresche springen und das „Richtige" tun.

Der „Richtige" ist nämlich ein echtes Multi-Talent und natürlich eine Rarität. Eigentlich gibt es ihn auch gar nicht. Trotzdem glauben Frauen an seine Existenz wie Kinder an die des Osterhasen. Werden sie dann von der

Realität eingeholt und stellen fest, dass ihr Partner zwar dekorativ, aber zum Einkaufen zu faul, beruflich erfolgreich, aber höchst ungern mit seinen Kindern zusammen ist, gerät ihr Liebesideal doch ins Wanken – aber nur für ein paar Sekunden: Der Glaube an vollkommene Befriedigung in einer Liebesbeziehung ist so stark im Denken einer Frau verwurzelt, dass sie, auch wenn ihre Beziehung sie nicht bietet, so tut, als ob es der Fall sein müsste. Mit gesteigerter Energie versucht sie dann – sehr zur Frustration ihres Mannes — aus ihrer Beziehung das zu machen, was ihr als möglich eingeredet wird. Und sollte es dann immer noch nicht funktionieren, dann nur, weil sie den „Richtigen" eben doch noch nicht gefunden hat. Sie wird sich von ihrem Partner trennen und weiter suchen müssen...

Es ist nahezu unmöglich, an der Idealvorstellung von der Liebe als Schlaraffenland und am Glauben an die Existenz des „Richtigen" zu rütteln. Fast jede Frau wehrt sich mit Händen und Füßen gegen realistischere Vorstellungen von einer modernen Beziehung zwischen Mann und Frau. Sie ist vollkommen immun gegen die Einsicht, dass sich in ihre Vorstellung von der Liebe gravierende Denkfehler eingeschlichen haben:

Es ist ein schwerwiegender Irrtum zu glauben, die Beziehung zu einem Mann könne einer Frau alles bieten, was sie in ihrem Leben verwirklichen möchte. Vor allem ist es unmöglich, die Frische, Leidenschaft und Erotik einer beginnenden Liebe in der Geborgenheit einer langjährigen Beziehung zu erleben.

Grundsätzlich widerspricht die Vorstellung, jemand könne einen anderen glücklich machen, jeder menschlichen Erfahrung. Schon allein deshalb kann es keinen „Richtigen" geben, der dieser Aufgabe nachkommen könnte.

Das Modell „Schlaraffenland Liebe" taugt also denkbar schlecht als Grundlage für das Glück im Leben einer Frau. Worin liegt dann aber der Sinn eines solchen Ideals? Und wie kam es überhaupt zu diesen Ansprüchen und Widersprüchen in unserer Vorstellung von der Liebe?

Der Leidenschafts-Geborgenheits-Mix

Als Sonja nach ihrem Telefonat mit Silvie den Fernseher einschaltet, läuft ausgerechnet ein Liebesfilm – eigentlich das Letzte, was sie jetzt braucht. Der Film „Titanic" spielt aber so virtuos auf der Klaviatur weiblicher Emotionen und Sehnsüchte, dass Sonja fasziniert zuschaut und am Ende des Films wie zehntausende anderer Frauen auch in ihr Sofakissen schluchzt.

Kein Wunder, handelt es sich doch bei diesem großen Liebesfilm um die klassische Situation von „Liebenden, die nicht zueinanderkommen". Die emotionale Spannung der Handlung gruppiert sich um den Gegensatz von beginnender Liebe und drohender Trennung. Die größten und schönsten Liebesgeschichten unserer Kultur, seien es „Romeo und Julia", „Westside Story" und „Die Leiden des jungen Werther", beziehen ihre Tiefe und Dramatik aus demselben Kontrast von Leidenschaft und Distanz und prägen eine Vorstellung von der Liebe, die wir gemeinhin als „romantisch" bezeichnen. Sie alle spielen in Zeiten, in denen eine Spannung zwischen den Bedürfnissen des Individuums und einer feindlichen Umwelt spürbar wird. In „Romeo und Julia" ist es die Fehde zwischen zwei Familien, die das Glück der Liebenden zerstört, in „Titanic" kollidiert die Gewalt der Natur mit der scheinbaren Annehmlichkeit eines luxuriösen, hochtechnisierten Lebensstils.

Vor diesem Hintergrund wird die Liebe als einende Kraft thematisiert: Wie überwältigend, wie tief muss sie sein angesichts der Hindernisse und Gefahren, gegen die sie sich durchsetzt! Doch eigentlich ist es umgekehrt: Die Gefahren, die drohende Trennung sind die dramatischen Mittel, die die Gefühle der Zuneigung zur Leidenschaft steigern. Zunächst aber feiern all diese Werke den Rausch der Verliebtheit: Die Sehnsucht der Liebenden nach einander, den dringenden Wunsch, den Geliebten zu sehen, zu halten, die Vorfreude auf den ersten Kuss und auf die erste Berührung. Es ist eine neue Welt, die entsteht. Alles erscheint verwandelt, in neuem, farbigem Glanz.

Wer wurde nicht schon von der Intensität der Verliebtheit mitgerissen! Nicht umsonst ist die Wucht dieser Gefühle derart groß: Nur so entsteht das Bedürfnis, dem Geliebten näherzukommen und schließlich den eigenen Beitrag zum Erhalt der Menschheit zu leisten. Und genau bei dem Wunsch, sich ihm zu nähern, kommt wieder die Distanz ins Spiel: Sie ist da, um überwunden zu werden. Man könnte die Beziehung zwischen Distanz und Verliebtheit auf folgende Formel bringen:

Distanz x Attraktivität des Geliebten = Stärke der Verliebtheit

Eine erzwungene Trennung oder abweisendes Verhalten des Geliebten steigern automatisch den Grad der Verliebtheit. Umgekehrt ist es so, dass mit wachsender Vertrautheit die Distanz abnimmt und im selben Maß die Verliebtheit schwindet. Ihren biologischen Zweck hat sie dann auch schon erfüllt. Doch die ersten Begegnungen mit dem Geliebten bleiben uns für immer im Gedächtnis und manchmal sehnen wir uns danach und nach der damaligen Intensität der Gefühle.

Sehnsucht und Vorfreude sind größer als der Genuss des Erreichten, damit wir motiviert sind, ein Ziel auch dann noch zu verfolgen, wenn Schwierigkeiten auftreten. Sie helfen uns, gegenwärtigen Schmerz zu ertragen, um langfristig mehr Lustgewinn zu erreichen. Sehnsucht kann aber auch ins Zerstörerische umschlagen, wenn sie auf Dauer die Gefühle der Liebe ersetzt. Erleben wir unsere ersten sozialen Bindungen in einem Klima der Auseinandersetzungen und der Ablehnung, kann die Sehnsucht nach dem Unerreichten kippen und zur Fixierung auf distanzierte Personen werden. Obwohl wir vorgeblich nichts anderes suchen als Nähe, finden wir immer nur die Situation der Distanz. Liebe bleibt für uns mit Ablehnung und Aufregung – durchaus auch im negativen Sinne – verbunden. Ein aufmerksamer und liebevoller Mann wird bestenfalls freundschaftliche Gefühle hervorrufen. Der Mann dagegen, der abweisend ist, ohne richtig loszulassen, setzt durch den Wechsel von Anziehung und Ablehnung ein Perpetuum mobile der Leidenschaft in Gang. Es entstehen Gefühle, an deren Intensität eine erfüllte Liebe niemals heranreicht. Frustration wird zum wesentlichen Bestandteil der Befriedigung – die Sehnsucht nach der Vereinigung zum Ersatz für die Vereinigung…

Beziehungen, die nach diesem Muster funktionieren, werden auch in sexueller Hinsicht als äußerst interessant empfunden. Zum einen steigt natürlich mit der Aufregung, die in einer solchen Liebe herrscht, auch der Grad der Erregung. Zum anderen stellt das gekonnte Spiel mit Nähe und Distanz eine erotisch aufgeladene Atmosphäre her. Ein Mann, der sich entzieht, wird nur umso heftiger begehrt. Der erotische Reiz ist dort am größten, wo die körperliche Annäherung immer wieder unterbrochen und hinausgezögert wird. Ohne sofortige Befriedigung nimmt das Begehren sogar noch zu. Stellen Sie sich vor, Sie haben ein erstes Date mit einem sehr attraktiven Mann. Sie treffen sich, um zusammen zu kochen. In Ihrer Küche ist es sehr eng. Als er um Sie herum nach einem Handtuch greift, entsteht ein magischer Moment, in dem Sie sich f a s t berühren. Doch gerade, weil Sie es nicht tun, springt der Funke über. Die Spannung zwischen Ihnen steigt ins Unerträgliche. Das Hinauszögern der ersten Berührung bereitet Genuss und Qual zugleich.

Die Gefahren und Konflikte der romantischen Liebe, die das Paar wieder auseinanderreißen, sind die dramatischen Komponenten, die in der Kunst wie im Leben die Sehnsucht nach dem Geliebten steigern, eine erotische Spannung erzeugen und halten und die Liebe zur Leidenschaft werden lassen. Wenn das Leben diese Art Dramatik nicht bietet, bleibt immer noch die Möglichkeit, mit einem entsprechenden Partner Aufregung und Leidenschaft zu „inszenieren". Männer auf der Durchreise und solche, die anderweitig gebunden, treulos, beruflich stark eingespannt oder nicht an einer festen Bindung interessiert sind, schaffen immer wieder die Distanz, die notwendig ist, um den Funken der Sehnsucht zu entzünden. Sollte es dann wider Erwarten doch zu einer stabilen Beziehung kommen, können erbitterte Auseinandersetzungen die langweilige Routine eines harmonischen Zusammenlebens verhindern. Je tiefer die seelischen Wunden, die sich die Liebenden gegenseitig zufügen, je „endgültiger" die ausgesprochene Trennung, umso süßer die leidenschaftliche Versöhnung! Aber auch in weniger extremen Liebesbeziehungen gilt: Das gegenseitige erotische und emotionale Interesse lässt sich leichter erhalten, wenn das Zusammenleben immer wieder von Zeiten der Trennung unterbrochen wird. Wer allzu viel Nähe sucht, verzichtet auf den Genuss der Leidenschaft und bringt auch den Geliebten um das Vergnügen, Sehnsucht zu empfinden.

Die romantische Liebe gibt mit ihren großen Emotionen die Intensität vor, an der unsere Liebesbeziehungen gemessen werden. Jetzt wissen wir aber auch, warum in ihnen Sehnsucht und Leidenschaft verblasst sind: Die

Nähe, die in der romantischen Liebe vergeblich gesucht wird, haben wir gefunden. Uns fehlt die Distanz, die „Hunger" und Begehren auslöst. Wenn wir dem Geliebten schon nahegekommen sind, entfällt die Motivation, seine Nähe zu suchen. Das ist umso mehr der Fall, wenn wir der Liebe in einer festen Bindung Dauer und Stabilität verleihen wollen.

Es ist heute wieder „in", zu heiraten und Kinder zu kriegen. Obwohl oder gerade weil ein hoher Prozentsatz der jungen Frauen von ihrer Mutter alleine aufgezogen wurde und am eigenen Leib nicht unbedingt die Verlässlichkeit der Liebe zwischen Mann und Frau erfahren hat, überdauert der Traum vom lebenslangen Glück zu zweit.

Die Ehe hat viele Funktionen. Ihre wichtigste ist die Erziehung der Kinder. Weil dies beim Menschen eine langwierige Angelegenheit ist, muss der Bindung eine Dauer und Verlässlichkeit verliehen werden, die über erste Verliebtheit und rein sexuelles Interesse hinausgehen. Das Paar plant sein gemeinsames Leben. Zur romantischen Grundlage stoßen praktische und rationale Überlegungen: Wie verwalten wir das gemeinsame Geld, wie teilen wir die Hausarbeit auf, wer beaufsichtigt die Kinder, wie gehen wir unseren familiären und sozialen Verpflichtungen nach? Der Alltag holt die Liebenden ein. Jetzt wird es schon sehr viel schwieriger, leidenschaftliche Gefühle am Leben zu halten. Mit zunehmender Vertrautheit kommen auch die allzu menschlichen Seiten des Geliebten zum Vorschein. Nächtliches Schnarchen, der Anblick seiner schmutzigen Wäsche oder abgeschnittener Fußnägel in der Badewanne holen den Traumprinzen vom Thron. Keinem der beiden Partner bleiben mehr die Geheimnisse des anderen verborgen: Der moderne Mann bringt seiner Frau vom Einkaufen Tampons mit und bereitet ihr einen Tee gegen Menstruationsbeschwerden. Er lässt es sich nicht nehmen, sie zur Schwangerschaftsgymnastik zu begleiten, und erlebt zuweilen mit gemischten Gefühlen die Geburt seines Kindes. Eine Frau muss manchem jungen Mann schon mal beibringen, wie man einen verstopften Abfluss reinigt oder das Ikea-Regal fachgerecht aufbaut. Die früher getrennten Lebensbereiche von Mann und Frau überlappen sich heute bis zur Identität. Die gegenseitige Annäherung der beiden Geschlechter sorgt für noch mehr Nähe auf Kosten emotionaler Spannung und erotischer Neugier.

Das Nebeneinander heute – gottlob! – gleichberechtigter Partner erfordert immer neue Verhandlungen – sei es die Gestaltung des Wochenendes oder die Regelung der gemeinsamen Ausgaben. Die ständige Notwendigkeit, um die Durchsetzung der eigenen Interessen zu kämpfen, zermürbt die Liebenden und lässt sie an der Ernsthaftigkeit ihrer Gefühle zweifeln. In der Liebe sollte es diese Art kleinlicher Auseinandersetzungen doch gar nicht geben...

Ein weiteres Hindernis, sich den Wunsch nach bleibender Leidenschaft zu erfüllen, ist die Ausweitung der Treue vom Sexuellen in alle sozialen Bereiche. Nach und nach geben die Liebenden ihre alten Freundschaften auf und bevorzugen stattdessen die Kontakte und Aktivitäten, die den Partner einschließen: Essengehen mit anderen Pärchen, Kino, Theater, Tanzkurse, Ausflüge und Reisen. Aus Mann und Frau entsteht ein Drittes: das Paar, das unzertrennlich durchs Leben geht. Hand in Hand wie Hänsel und Gretel im Wald steuern Mann und Frau durch die Wirrnisse des menschlichen Lebens.

Erst wird alles getan, damit die Partner aufeinander angewiesen sind, und dann können sie sich, auch wenn sie einander nicht mehr lieben, nicht voneinander trennen. Unvorstellbar, morgens ohne den anderen aufzuwachen oder ein Wochenende alleine zu verbringen. Die Bindung, die ehedem von gegenseitiger Anziehungskraft und sexueller Leidenschaft getragen wurde, erhält jetzt ihre Stabilität durch ganz andere Faktoren: Die Liebenden sind nicht mehr zusammen, weil sie es wollen, sondern weil sie keine Alternative mehr sehen. Und so festigt tatsächlich sexuelle und soziale Treue das Band zwischen Mann und Frau. Es entspricht unserem Ideal von der ganz großen Liebe, wenn die Liebenden ohne einander nicht leben können. Doch wenn die Stabilität langjähriger Beziehungen auf der Quantität der Begegnungen und nicht auf ihrer Qualität beruht, wird der Mikrokosmos des Paares, der zu Anfang Glück und Bereicherung bedeutete, – auf Dauer eingerichtet – zum Gefängnis. Und das ist dann der Todesstoß für Aufregung, sexuelle Neugier, Spannung und Leidenschaft.

Es ist genau falsch zu glauben, möglichst viel Nähe würde Leidenschaft fördern. So wie jeden Tag Kaviar den Gaumen langweilt, entsteht in engen Beziehungen ein emotionales und sexuelles Überangebot, das von der Befriedigung direkt in die Unzufriedenheit führt. Befriedigung braucht Steigerung und Abwechslung – oder, wo das nicht mehr möglich ist, Reduktion. Dann können durch Mangel Bedürfnisse erneut entstehen.

Das Dilemma der modernen Partnerschaft ist folgendes: Auf der einen Seite sollen die Gefühle der Liebenden füreinander romantisch und leidenschaftlich bleiben. Das ist aber – wie wir gesehen haben –, nur Partnern möglich, die eine gewisse Distanz zwischen sich aufrechterhalten. Auf der anderen Seite sollen die Liebenden so fest wie möglich aneinandergeschweißt werden, was wiederum dazu führt, dass Leidenschaft und romantische Gefühle erlöschen. Es gibt eigentlich nur zwei Möglichkeiten, diesem Dilemma zu begegnen: Man könnte wieder Distanz zum Partner herstellen oder von vornherein halten. Oder man könnte sich in die Geborgenheit ständigen Zusammenseins stürzen und den Verlust der Leidenschaft in Kauf nehmen.

Unser Problem aber ist, dass wir den Verlust der romantischen Gefühle nicht verkraften. Deshalb hoffen wir immer noch, dass mit dem „Richtigen" leidenschaftliche Gefühle niemals vergehen.

Auf der Suche nach „Mr. Right"

„Silvie, ich bin ja so glücklich! Er ist wunderbar! Schon als ich ihn gesehen habe, war ich hin und weg: dieses sympathische Lächeln, seine breiten Schultern! Er ist sogar größer als ich. Und stell dir vor, er fährt auch jedes Jahr in die Toskana! Er kann gut zuhören, er liebt Kinder und er ist so sexy! Ich kann mit ihm lachen und dann wieder tiefsinnige Gespräche führen. Ach, Silvie, ich glaube, diesmal ist es der „Richtige"!"

Silvie freut sich natürlich für ihre Freundin Brit, aber als sie den Hörer auflegt, bohrt in ihr auch ein bisschen der Neid. So etwas würde sie auch gerne erleben: jemanden kennenlernen, der sexy, warmherzig und kinderlieb ist. Wenn sie sich da ihren bindungsunwilligen Martin betrachtet! Aber Silvie sollte sich nicht so sehr von den Schwärmereien ihrer Freundin beeindrucken lassen. In zwei bis drei Monaten wird auch dieser „Mr. Right" sich als ganz normaler Mann mit seinen menschlichen Schwächen, unverschämten Anwandlungen und nicht nachvollziehbaren Eigeninteressen entpuppt haben. Das ist auch ganz normal und eigentlich nicht das Problem. Das Problem ist, wie Frauen trotz ihrer enorm gestiegenen Ansprüche an einen künftigen Partner bei seiner Auswahl vorgehen.

Soll sich nämlich eine Beziehung nach dem Modell Schlaraffenland mit ihrer Enge und Exklusivität für beide Partner zufriedenstellend gestalten, müsste zumindest in den Anlagen der Persönlichkeit und den Grundfragen der Lebensgestaltung Übereinstimmung herrschen. In der Realität aber quält sich die Verschwenderin mit dem Asketen und erntet der Partygänger bitterste Vorwürfe seiner eifersüchtigen Freundin. Aus ebenso fragwürdigen Motiven liebt eine Frau, die ihren Lebenssinn darin sieht, eine Kinderschar großzuziehen, einen Mann, der keiner geregelten Arbeit nachgeht und generell ungebunden bleiben möchte. So greifen wir zu Männern, die sich später als beständiger Quell des Unglücks entpuppen, weil es uns heute bei ihrem Anblick den Boden unter den Füßen wegzieht. Je stärker dieses Gefühl, umso eher sind wir bereit zu glauben, den „Richtigen" vor uns zu haben. Rationale Überlegungen wie z.B. die, ob dieser Mann treu sein wird oder meine Kinder einmal ernähren kann, erscheinen uns berechnend und in der Liebe fehl am Platz.

Doch Verliebtheit ist ein Ausnahmezustand, in dem Hormone die Sinne vernebeln. Liebe macht tatsächlich blind, damit wir bereit sind, uns mit jemandem t r o t z seiner offensichtlichen Nachteile zu paaren. So übersehen wir geflissentlich eine geizige Attitüde, fühlen uns durch eifersüchtiges Verhalten geschmeichelt und finden es noch süß, wenn unserem Gegenüber das Essen von der Gabel fällt. Nach ein paar Jahren aber sind es dann genau diese Verhaltensweisen, die uns im tagtäglichen engen Kontakt mit unserem Partner den letzten Nerv rauben.

Trotzdem ist Verliebtheit eine gute Grundlage für eine dauerhafte Bindung. Wenn wir jemanden toll finden, aber noch nicht einmal sagen können, warum, dann deshalb, weil Körper und Seele ihn sich unter Umgehung der Vernunft ausgesucht haben. Der Körper wählt den, der gesund ist und das optimale Genmaterial mitbringt. Die Seele sucht sich den Partner aus, mit dem wir uns emotional verständigen können, weil er in Aussehen und Verhaltensweisen an frühere Bezugspersonen erinnert. Häufig sind es subtile Gesten, die uns gar nicht bewusst werden, die uns aber auf ganz überzeugende Weise ansprechen: Es kann die Art sein, wie ein Mann beim Lachen die Nase kräuselt oder wie er den Kopf senkt, ein bestimmter Tonfall, ein vertrauter Geruch – und plötzlich wollen wir nichts anderes, als mit diesem einen Mann zusammen sein, ihn stundenlang betrachten und berühren.

Das biologische Ziel der Verliebtheit ist die Fortpflanzung, das soziologische die Bindung. Das persönliche Glück der beiden Beteiligten kann ein mögliches Nebenprodukt sein. In 90% der Fälle – so haben wir alle es schon erlebt – geht Verliebtheit mit unglücklichen Gefühlen einher. Verliebtheit führt anscheinend doch nicht automatisch zu dem, was für uns das Beste ist. Es kann sogar passieren, dass eine Frau sich in einen Mann verliebt, der sie besonders schlecht behandelt, weil ihre ersten Bezugspersonen auf sie mit Missachtung reagiert haben. Ablehnung wird dann genau das Signal sein, das sie verführt. Obwohl es auf Außenstehende vollkommen absurd wirkt, dass sie bei ihrem Partner bleibt, und sie durchaus selbst erkennt, dass ihr ihre Beziehung schadet, kommt sie nicht von ihr los. Gerade die Verachtung, mit der ihr Mann sie behandelt, hat eine unauflösbare, leidenschaftliche Verbindung geschaffen.

Verliebtheit ist nur die Grundlage der Partnerwahl. Soll die Beziehung tatsächlich zum persönlichen Glück der Beteiligten beitragen, müssen auch andere Faktoren wie eigene Vorlieben und Zukunftspläne berücksichtigt werden, andernfalls wird sich eine Frau immer wieder in den Konflikt zwischen ihren Lebenszielen auf der einen Seite und der Bindung zum Partner auf der anderen Seite stürzen. Wem Treue ein hohes Gut ist, lässt die Finger von einem untreuen Mann. Wer Kinder möchte, sucht sich jemanden, der das auch will.

Eine derart sorgfältige Auswahl würde unter Umständen sehr viel Zeit in Anspruch nehmen. Unsere Angst vor Einsamkeit und der Druck einer paarbezogenen Gesellschaft sind aber so groß, dass wir, wie jemand, der hungrig einkaufen geht, dazu neigen, wahllos zuzugreifen. Und so akzeptieren wir der Not gehorchend ein Exemplar Mann, von dem wir von vorneherein wissen, dass es nicht 100% das Passende ist – und, nebenbei bemerkt, sowieso niemals sein kann. So sind wir zunächst bereit, eine Abkehr vom Ideal zu vollziehen, glauben aber tief im Innern weiterhin an die Existenz des „Richtigen". Der „Richtige" ist und bleibt der Maßstab, an dem sich unsere realen Partner immer wieder messen lassen müssen. Schließlich hat nur mit dem „Richtigen" die extreme Fixierung der Frau auf einen Mann Sinn. Nur mit dem „Richtigen" lassen sich die Enge und Exklusivität unserer Beziehungen überhaupt ertragen.

Die meisten Frauen lösen das Problem, vor das sie die Diskrepanz zwischen Ideal und Realität immer wieder stellt, indem sie später versuchen, ihren Partner zu erziehen. Als handle es sich bei einem Mann um einen Klumpen Ton, aus dem sich mit genügend Geschick und Geduld etwas Brauchbares formen ließe, verwenden sie viel Zeit und Energie darauf, ihrem Partner zu zeigen, wie er sie glücklich machen könnte. Das ist ihre Art, etwas für ihr persönliches Glück zu tun. Leider ohne Erfolg. Wenn es aber aussichtslos ist, den „Richtigen" zu finden, und unmöglich, die Liebe als Schlaraffenland zu erleben, warum halten sich dann diese beiden Ideale so hartnäckig in unserer Gesellschaft? Welchen Sinn haben sie? Wem nützen sie?

Die Liebe im Dienste der Macht

Annika ist enttäuscht von Karsten. Er hatte versprochen, heute früher nachhause zu kommen und mit ihr und den Kindern am Teich Boot zu fahren. Jetzt ist er kurzfristig mit einem Geschäftspartner zum Essen verabredet. Das ist jetzt der dritte Abend in dieser Woche, den sie ohne ihn mit den Kindern verbringt.

Wie in den meisten Familien ist es auch hier die Frau, die für Zusammenhalt und Geborgenheit sorgt. Mit langem Atem und viel Geduld ermahnt sie ihren Mann immer wieder, mit ihr und den Kindern Zeit zu verbringen und etwas zu unternehmen. Annika ist es, die sich um die emotionale Stabilität ihrer Familie und Partnerschaft kümmert, und weil Karsten weiß, dass er sich auf sie verlassen kann, ist er in der Lage, in Beruf und Freizeit vollkommen flexibel zu reagieren. Seine Frau und die Kinder sind jederzeit verfügbar, wann immer er Zeit und Lust verspürt, mit ihnen zusammen zu sein. Und schließlich ist es Annika, die ihn mit einem reibungslos funktionierenden Haushalt versorgt: Seine Kleidung liegt gewaschen und gebügelt im Schrank, die Wohnung ist geputzt, sein Essen steht auf dem Tisch. Karsten kann sich nach ein paar einfachen Hausarbeiten wie Getränke holen und den Müll runterbringen dank seiner Partnerin ganz auf seinen Beruf und seine Hobbys konzentrieren.

Für Annika sieht die Sache anders aus: Da gibt es niemanden, der für sie kocht, putzt und wäscht. Und auch niemanden, der ihr die Kinder abnimmt, wann immer sie etwas alleine zu tun hat. Sie kann eben nicht einfach Karsten anrufen und ihm mitteilen, dass aus dem Familienausflug nichts wird, weil ihr etwas dazwischengekommen ist. Sie kann nicht stillschweigend davon ausgehen, dass er sich schon alleine um die Kinder kümmert. Der Vorteil, den sie aus ihrer Partnerschaft zieht, besteht darin, von Karsten finanziell versorgt zu werden. Somit unterscheidet sich ihre Situation kaum von der ihrer Großmutter. Natürlich sind heute mehr Mütter berufstätig als früher, aber nicht etwa, weil sie in irgendeiner Weise entlastet würden. Auch wenn die weiblichen Stars von heute in beruflichem Erfolg u n d Familienglück baden und mit ihren Nannys und Putzfrauen eine neue Leichtigkeit des Seins suggerieren: Eine normale berufstätige Mutter hat Probleme, Kinder und Karriere zu vereinen. Es fehlt an kostengünstigen Kinderhorten, und nur eine verschwindend kleine Anzahl Männer ist bereit, Elternzeit in Anspruch zu nehmen. Die meisten Frauen nehmen die Mehrarbeit durch Haushalt und Beruf in Kauf, um nicht zuhause angebunden zu sein.

De facto orientiert sich unsere Gesellschaft auch heute noch an den Bedürfnissen des Mannes. Sie verwehrt einer Frau praktische Hilfe und damit den Freiraum zu einer unabhängigen Lebensgestaltung. So erklärt sie z.B. die Beaufsichtigung der Kinder und die Verteilung der Hausarbeit zur Privatsache, mit der Folge, dass Männer und Frauen das untereinander regeln müssen. Und das geschieht in den seltensten Fällen zum Vorteil der Frau.

Was aber hält Frauen davon ab, selbst für gesellschaftspolitische Veränderungen zu kämpfen und Druck auf Männer wie Politiker auszuüben? Warum bitten sie Männer um Hilfe, statt sie mit allen Konsequenzen zu fordern? Warum solidarisieren sie sich nicht? Warum nehmen sie sich nicht einfach ihre Freiräume und engagieren sich auch als Mütter im Beruf und gehen in ihrer Freizeit in ihren Interessen auf? Was macht Frauen heute noch so abhängig von Männern, dass sie zu deren Bedingungen bei ihnen bleiben?

Denn eigentlich sind wir heute an dem Punkt angelangt, an dem für Männer schwerwiegende Veränderungen drohen. In sozialer und materieller Hinsicht sind Frauen nicht mehr unbedingt an einen Mann gebunden. Würden sie jetzt noch einen Schritt weitergehen und wie ihre Partner eigene Interessen verfolgen – wer würde sich dann noch um den Zusammenhalt in der Beziehung und Familie kümmern? Wer würde dann auf die Kinder aufpassen und die Hausarbeit erledigen?

Unsere Gesellschaft und unsere Beziehungen funktionieren, weil Frauen auf eine eigene Lebensgestaltung verzichten und sich nach wie vor auf den Mann als zentralen Punkt in ihrem Leben konzentrieren. Eine Frau, die ihr Leben nach ihren eigenen Bedürfnissen ausrichten würde, wäre für einen Mann weniger verfügbar und auch in sexueller Hinsicht weniger kontrollierbar. Ihre Pläne würden mit denen des Mannes konkurrieren. Es könnten ernsthafte Konflikte entstehen.

Und jetzt kommt das Ideal von der Liebe als Schlaraffenland ins Spiel: Es liefert nämlich der modernen Frau, die es nicht mehr nötig hat, sich von einem Mann abhängig zu machen, eine neue Motivation, es trotzdem zu tun. Der „Richtige" – so das Versprechen – wird all ihre Bedürfnisse auf vollkommene Weise befriedigen. Alles, was sie tun muss, ist, ihr Glück in seine Hände zu legen. Und damit entfällt für sie die Notwendigkeit, ihr Glück selbst und woanders zu suchen. Wozu braucht sie dann noch einen eigenen Bereich, eigene Interessen, soziale Kontakte? Sie sehen: Das althergebrachte Beziehungsmodell wurde mit neuen Versprechen „hübsch" gemacht. Die Liebe hat eine neue Aufgabe bekommen. Sie antwortet scheinbar auf die gestiegenen Erwartungen und neuen Bedürfnisse der modernen Frau. Heute bietet sie nicht nur Heim und Familie, sondern Selbstverwirklichung und emotionale Rundumversorgung und ein ausgeglichenes, gerechtes Verhältnis von Geben und Nehmen zwischen den Partnern.

Vor allem dieser letzte Punkt, auf den die moderne Frau in ihrer Lebenspraxis am meisten angewiesen ist, entpuppt sich als Illusion. Frauen investieren Zeit und Energie in ihre Beziehungen und Familien im Vertrauen darauf, dass ihre Männer dasselbe tun werden. Sie sind immer für ihre Partner da. Nach einiger Zeit stellt sich dann heraus, dass diese ihnen nicht im selben Maß entgegenkommen. Ihre Männer kümmern sich in erster Linie um sich selbst.

Jetzt entpuppt sich das „Schlaraffenland Liebe" als Falle: Es lockt eine Frau mit der Aussicht auf Selbstverwirklichung und Glück und dient in der Realität ausschließlich den Bedürfnissen des Mannes. Es ist ein Gewinn für den Mann und ein Verlust für die Frau. Sie hat die Wahl, Heimchen am Herd zu bleiben oder sich mit der Doppelbelastung von Beruf und Familie zu erschöpfen. Sie, die glaubt, in einer Beziehung alles zu bekommen, steht am Ende schlechter da als eine Frau, die sich von vorneherein allein auf sich selbst verlässt.

Warum aber lassen sich Frauen in dieser Weise betrügen und manipulieren? Warum tappen sie treudoof in eine Falle, die sie sich durch ihre Hoffnung auf den „Richtigen" auch noch selbst gebaut haben? Es muss einen Grund geben – und der kann nur irrationaler Natur sein...

Gib mir meinen Wert zurück!

Tamara sitzt neben Michael auf dem Sofa – und ist den Tränen nahe. So hatte sie sich den gemeinsamen Abend nicht vorgestellt: Michael scheint sie kaum wahrzunehmen, ja, er nimmt sie nicht einmal in den Arm. Auch ihr neues Kleid hat er, als er ihr die Tür geöffnet hat, nicht bemerkt. Jetzt schaufelt er Chips in sich hinein und verfolgt die Nachrichten, als gäbe es nichts Wichtigeres auf der Welt. Danach zappt er durch alle Programme und antwortet nur einsilbig auf ihre zaghaften Versuche, ein Gespräch zu beginnen. Es reicht! Tamara steht abrupt auf und rennt ohne ein Wort des Abschieds aus der Wohnung. Auf der Straße bricht sie in Tränen aus. Was stimmt nicht mit ihr, dass Michael sie so links liegen lässt?

So extrem kann eine Frau reagieren, wenn sich ihr Partner nicht liebevoll verhält. Unter Umständen haben schon kleine Unaufmerksamkeiten verheerende Folgen: Wenn er sie nicht ansieht, nicht mit ihr spricht, ihr nicht zuhört, sie nicht anruft oder in der Öffentlichkeit mit ihr auftritt, ohne mit irgendeiner Geste zu zeigen, dass sie zu ihm gehört – all das bringt sie dauerhaft aus dem Gleichgewicht. Es gelingt ihr dann auch nicht, ihr angeknackstes Selbstwertgefühl in anderer Weise aufzupäppeln, weil nämlich nichts mit der Aufmerksamkeit des Mannes konkurrieren könnte: weder Erfolg in der Arbeit noch der Spaß mit Freunden oder das Vergnügen eines

Hobbys. Ihr Leben kommt erst dann wieder ins Lot, wenn ihr Partner ihr glaubhaft seine Zuneigung versichert hat.

Von einem Mann nicht wahrgenommen zu werden kommt einem Todesurteil für die psychische Existenz der Frau gleich. Sie ist erst dann „in Ordnung", wenn sie einen Mann an ihrer Seite hat. Die Ehe ist auch heute noch der Prüfstein für ihren Wert und unerlässlich gerade für eine erfolgreiche Frau, will sie von der Gesellschaft anerkannt werden. Ein untätiges Dasein als Millionärsgattin wird ihr eher verziehen, als unverheiratet den Nobelpreis zu bekommen. In den Augen der Welt wird immer noch jede Leistung einer Frau, und sei sie noch so herausragend, an ihrer Attraktivität für das männliche Geschlecht gemessen. Eine Frau braucht eine Beziehung, um ihr Selbstwertgefühl aufzubauen. Wie die Reaktion eines Mannes auf sie ausfällt, ob positiv oder negativ, entscheidet darüber, ob sie sich gut oder schlecht fühlt.

Damit solche gesellschaftlichen Muster und psychologischen Reaktionen greifen, müssen erst einmal Defizite im Selbstwertgefühl der Frau entstehen. Ein Mädchen, das mit dem Gefühl aufgewachsen ist, an und für sich ein wertvoller Mensch zu sein, der seine Interessen pflegt und eigene Ziele verfolgt, ist vermutlich nicht bereit, sein Glück von einem Mann abhängig zu machen.

Untersuchungen über die Erziehung von Mädchen und Jungen zeigen tatsächlich beträchtliche Unterschiede: Ausgerechnet Frauen sind es, die das Selbstbewusstsein der Jungen stärken und das der Mädchen zerstören. Eine Mutter verlangt von ihrer Tochter Anpassung und fördert bei ihrem Sohn Unabhängigkeit (2). Sie gibt den frühkindlichen Bedürfnissen ihres Sohnes auch dann noch Raum, wenn sich ihre Tochter schon lange diszipliniert hat. Die Kindergärtnerin gestattet Jungen eher, sich kindlich aufzuführen, als Mädchen gleichen Alters. Sie haben eine lange Schonfrist, in der sie erfahren, dass ihre Umwelt trotz unangemessenem Verhalten positiv auf sie reagiert (3). Das ist der erste Meilenstein zu einem guten Selbstwertgefühl! Es besteht außerdem ein enger Zusammenhang zwischen Bedürfnisbefriedigung und dem Selbstbewusstsein eines Menschen: Bedürfnisse sind Ausdruck des Selbst. Werden sie dauerhaft frustriert, wird auch das Selbstwertgefühl zerstört; werden sie optimal befriedigt, entsteht ein stabiler Bezug zur eigenen Person. Sie steuern uns in Richtung Glück: Unsere Bedürfnisse sind eine gute Orientierung, wenn es darum geht, Frustration zu vermeiden und Zufriedenheit zu erreichen. Wer sie kennt und gelernt hat, sie zu befriedigen, hat große Chancen, selbstbewusst und glücklich zu werden. Mädchen werden im Gegensatz zu Jungen dazu angeleitet, ihre Bedürfnisse zugunsten anderer zu kontrollieren und sich liebevoll zu zeigen (4). Sie lernen eine andere Art Befriedigung kennen: die Anerkennung, die ihnen zuteil wird, wenn sie ihre Bedürfnisse unterdrücken. Sie lernen, dass diese Anerkennung wichtiger ist als die Befriedigung ihrer Bedürfnisse. Sie lernen, ihr Selbstwertgefühl nicht auf Bedürfnisbefriedigung aufzubauen, sondern von der positiven Reaktion ihrer Mitmenschen abhängig zu machen.

Aber es geht noch weiter: Eine Mutter fördert beim Jungen Egoismus und verlangt vom Mädchen, sich für andere verantwortlich zu fühlen. Kaum eine Mutter fordert ihren Sohn auf, in demselben Maß wie seine Schwestern im Haushalt zu helfen (5). Heute noch nimmt er allein aufgrund seines Geschlechts eine Sonderstellung ein. So lernt ein Junge erstens, dass es gut ist, sich um sich selbst zu kümmern, und dass zweitens seine – weibliche – Umwelt ihn darin unterstützt.

Einem Mädchen wird solch eine positive Einstellung zu den eigenen Bedürfnissen verwehrt. Es lernt, dass im Zweifelsfall immer die Beziehung zu anderen wichtiger ist als seine eigenen Interessen. Es wird dazu erzogen, den Kontakt zu anderen als Grundbedürfnis zu betrachten. Es beginnt wie selbstverständlich, anderen zu dienen. Ein Junge hat seinen Selbstwert in sich. Er wird in seiner Selbstsicherheit gezielt bestärkt, ein Mädchen amputiert (6). Es bekommt seinen Wert erst durch die Spiegelung seiner Person in seinen Beziehungen und sozialen Bindungen. Die Bestätigung durch andere ersetzt sein fehlendes Selbstbewusstsein – allerdings nur mangelhaft: Fehlt die Zuwendung anderer, wird ein Mädchen auf das Gefühl, minderwertig zu sein, zurückgeworfen. Ohne je gelernt zu haben, sich von seinen Bedürfnissen leiten zu lassen, fehlt ihm Orientierung für sein Leben. Das macht es später als Frau süchtig nach Liebe. Und diese Sucht macht sie manipulierbar und gefügig. Nur so ist sie auch heute noch dazu bereit, sich von einem Mann abhängig zu machen. Das Selbstwertgefühl der Frau bleibt unterentwickelt. Gleichzeitig wird ihr eingeredet, dass die Liebe ihr ersetzen könnte, was ihr fehlt. Die Liebe hat für Frauen eine therapeutische Funktion.

Im Mädchen wird also erst die emotionale Bedürftigkeit erzeugt, die dann im „Schlaraffenland Liebe" geheilt werden soll. Da – so heißt es – gibt es Befriedigung satt. Die psychische Existenz einer Frau beginnt mit der Liebe. Was in ihren jungen Jahren noch einigermaßen akzeptabel erscheint, wirkt bei einer Dreißigjährigen, die eine eigene Persönlichkeit entwickelt haben sollte, reichlich albern. Aber genau das: Die Entwicklung von Persönlichkeit und weiblichem Selbstbewusstsein wird in unserer auf den Mann konzentrierten Beziehungsform verhindert. Es kann zu gar keiner Reifung der Persönlichkeit kommen, weil die Frau weiterhin für den Mann und nicht für sich selbst lebt. Unfähig, sich um sich selbst zu kümmern, bleibt sie das kleine Mädchen, das geliebt werden muss. Die Bindung zum Mann bringt der Frau keine Heilung. Im Gegenteil, sie verhindert bis in alle Ewigkeit, dass eine Frau endlich Selbstbewusstsein entwickelt und für sich selbst sorgt.

Das Modell „Schlaraffenland Liebe" funktioniert nur auf der Basis des zerstörten Selbstwertgefühls der Frau. Und jetzt zeigt sich die Gemeinheit hinter der romantischen Fassade unseres Liebesideals: Mädchen werden in ihren Bedürfnissen frustriert, um patriarchalische Strukturen am Leben zu halten. In ihrem Selbstwertgefühl verletzt und der psychischen Grundlage für ein eigenständiges Leben beraubt, bietet man ihnen dann als Kompensation die Liebe als emotionales Schlaraffenland an. Es ist die Krücke, die zu ihrer Existenzberechtigung der Lähmung bedarf. Es war und ist niemals die Absicht unserer Partnerschaften, die Verletzung des weiblichen Selbstbewusstseins zu heilen, sondern zu erhalten. Schließlich ist die Sucht der Frauen nach Liebe der Klebstoff, der ihre Beziehungen zusammenhält. Allerdings nur für eine gewisse Zeit, dann wird die Enttäuschung zu groß und mit einem neuen Partner die Hoffnung auf den „Richtigen" wieder entfacht. Und das ist auch der Grund, warum das Modell „Schlaraffenland Liebe" noch nicht kollabiert ist: Frauen sind heute schneller bereit, sich zu trennen und mit einem anderen Mann zu versuchen, was mit dem einen nicht gelang. Doch auch der Wechsel des Partners bringt eine Frau nicht ans Ziel ihrer Wünsche, denn nicht der Partner ist das Problem, sondern die Art und Weise, wie sie ihre Beziehung zu ihm gestaltet.

Unglück im Schlaraffenland

Sonja kommt sich bei ihrem Sonntagsspaziergang schrecklich einsam vor: Nur Paare und Familien scheinen heute das schöne Wetter zu genießen. Aber irgendwann musste sie auch einmal raus. Ihr graut schon vor dem Abend, den sie ebenfalls alleine verbringen wird. Insgeheim schimpft sie auf Heiko, weil er sich so wenig um sie kümmert.

Eine Frau, die sich zu stark auf den Mann konzentriert, wird unweigerlich unzufrieden. Sie selbst frustriert dann ihre Bedürfnisse, indem sie erwartet, dass ihr Mann sie befriedigt. Es wäre ein Leichtes für sie, mehr Zufriedenheit zu erreichen, wenn sie nur in der Lage wäre, sich selbst zu beschäftigen. Aber alles, was sie will, verbindet sie mit dem Geliebten. Er muss mit zum Einkaufsbummel und in die Oper. Er muss dasselbe essen wie sie und dieselben Filme mögen. Wenn nicht, muss sie auf ihr Vergnügen verzichten, damit die Gemeinsamkeit nicht gefährdet wird. So wird das Modell „Schlaraffenland Liebe" zur Falle, weil es der Frau auch gar nicht erlaubt, ihr Glück in sich selbst oder außerhalb ihrer Beziehung zu suchen. Wie kann sie denn überhaupt etwas wollen, was ihr ein Mann nicht geben könnte? Wenn sie auch noch anfängt, Forderungen an jemanden zu stellen, der ihr doch eigentlich jeden Wunsch von den Augen abliest, widerspricht sie allen Regeln der Romantik. Wozu braucht eine Frau, die schon besser weiß, was sie will, überhaupt noch einen Mann! Sie ist zu eigenständig für eine Beziehung, deren Funktionieren auf ihrer Abhängigkeit beruht. Also verzichtet sie darauf, ihre eigenen Möglichkeiten zu stärken. Sie konzentriert sich noch mehr auf ihren Partner mit dem Ergebnis, dass sie noch unzufriedener wird – ein Teufelskreis:

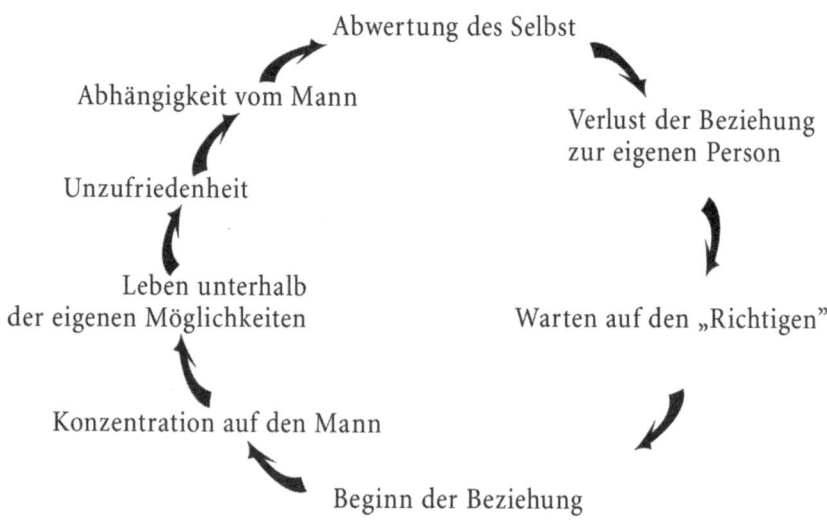

Abwertung des Selbst

Abhängigkeit vom Mann

Verlust der Beziehung
zur eigenen Person

Unzufriedenheit

Leben unterhalb
der eigenen Möglichkeiten

Warten auf den „Richtigen"

Konzentration auf den Mann

Beginn der Beziehung

Die Schäden, die im Verlauf einer solchen Beziehung sowohl für die eigene Person als auch für den Partner entstehen können, sind enorm. Denn auch für den Mann, auf dessen Bedürfnisse die gängige Beziehungsform zugeschnitten ist, ist die Situation unbefriedigend: Durch die ständigen Vorwürfe seiner unzufriedenen Partnerin bekommt er den Eindruck vermittelt, so, wie er ist, nicht akzeptabel zu sein. Es wird für ihn erkennbar, dass die Bemühungen seiner Partnerin darauf zielen, dass er sich aufgibt und ein anderer wird. Doch an diesem Punkt scheitert eine Frau mit ihren Manövern: Ihr Partner pocht darauf, in seiner Eigenart geliebt zu werden. Wenn er erkennt, dass das nicht der Fall ist, „rächt" er sich durch abweisendes Verhalten. Indem er sich auf sich selbst zurückzieht, versucht er, seine Identität zu wahren. So bekommt seine Partnerin schließlich das Gegenteil von dem, was sie wollte: Distanz statt Nähe.

Es beginnt die Phase, in der ein Mann die Nähe zu seiner Frau flieht. Es entsteht ein Teufelskreis aus wachsender Frustration der Frau, Streit zwischen den Partnern und Rückzug des Mannes. Die „Erziehung" des Partners dreht sich immer um dieselben Grundthemen: Erhöhung der Aufmerksamkeit gegenüber der Frau und die Bereitschaft, auf eigene Interessen zu verzichten. Im Gegensatz zur Frau weiß ein Mann aber etwas mit sich und seiner Zeit anzufangen. Er ist fähig, sich auch ohne seine Partnerin wohlzufühlen. Doch im „Schlaraffenland Liebe" bedeutet die Tatsache, dass jemand ohne den geliebten Menschen sein kann oder gar möchte, streng genommen schon das Scheitern der Liebe. „Wenn du mich liebtest, würdest du mehr Zeit mit mir verbringen!" – heißt es dann oft. Warum auch sollten Männer ein Eigenleben führen dürfen, wenn wir Frauen unfähig sind, selbst eines zu entwickeln! Eisern halten wir an dem Glauben fest, einzig und allein durch einen Mann glücklich werden zu können. Obwohl uns jede unserer Beziehungen den Gegenbeweis liefert, verhalten wir uns, als ob unser Traum vom Glück durch die Liebe wahr werden könnte. Wie Süchtige suchen wir unser Heil weiterhin genau da, wo es zerstört wird.

Aber auch dann, wenn ein Mann auf unsere Anklagen „einsichtig" reagiert und mehr Zeit mit uns verbringt, wird er das, was wir selbst in unserem Leben versäumt haben, nicht ersetzen können. Solange wir versuchen, mit unseren Liebesbeziehungen grundlegende Defizite auszugleichen – den Mangel an Selbstliebe, das Unvermögen, eigene Bedürfnisse wahrzunehmen und zu befriedigen, und die Unfähigkeit, Verantwortung für uns selbst zu übernehmen und das Leben entlang der eigenen Wünsche zu gestalten –, fehlt uns die Basis, auf der persönliches Glück entstehen kann.

Macht Liebe glücklich?

„Und, wie läuft es mit Martin?" – Silvie muss erst überlegen, bis sie auf Sonjas Frage antworten kann. Sicher, der gestrige Abend war unvergleichlich, das Lokal, in dem sie zu Abend gegessen haben, wunderschön am Seeufer gelegen und Martin selbst unwiderstehlich charmant. Umso schlimmer trifft sie das Alleinsein, wenn sie wie heute morgen in ihre eigene Wohnung kommt. Nein, so richtig glücklich ist sie nicht.

Ausgerechnet das Liebesideal, das einer Frau die vollkommene Befriedigung aller Bedürfnisse verspricht, führt in eine Sackgasse. Statt einer beständigen Abfolge strahlender Momente an der Seite ihres Geliebten erlebt sie Stress, Unzufriedenheit und leidet unter dem Gefühl, nicht „richtig" geliebt zu werden. Vielleicht war es doch nicht ratsam, das eigene Glück in die Hände eines Mannes zu legen…

Genau das tut aber eine Frau, die ihre Beziehungen nach dem Modell „Schlaraffenland Liebe" gestaltet. Der „Richtige" ist ihr Glücksbringer. Der Beitrag, den sie selbst zu ihrem Glück leistet, besteht darin, den „Richtigen" zu finden und die Verantwortung für ihr Wohlergehen in seine Hände zu legen. Sie, die nicht richtig gelernt hat, sich um sich selbst zu kümmern und ihre eigenen Bedürfnisse zu befriedigen, wartet nun darauf, dass ihr Partner das für sie übernehmen wird. Sie muss den Umweg über den

Mann nehmen. Sie kümmert sich um ihn, damit er sich um sie kümmert. Sie lebt durch ihn. Damit aber macht sie ihr Glück abhängig von Faktoren, die sie nicht beeinflussen kann. Denn nichts ist so wenig kontrollierbar wie der Mensch, den sie liebt. Bei aller Nähe bleibt er doch ein komplexes Wesen, das eigenen Bedürfnissen und Stimmungen folgt. Selbst wenn sich ihre Interessen und Eigenarten ähneln, wollen sie nicht immer zur selben Zeit dasselbe. Über noch so belanglose Kleinigkeiten des Lebens wie die Benutzung des gemeinsamen Bads, die Zusammenstellung des Essens und die Anordnung der Bücher im Regal muss jetzt eine Einigung erzielt werden. Die Liebe läutet nicht das Ende aller Probleme ein, sondern produziert selbst neue.

Häufig werden in einer Beziehung nicht einmal die Bedürfnisse nach Sex und Geborgenheit erfüllt. Wer endlich wieder Sex hat, möchte ihn bald häufiger, seltener oder sowieso ganz anders. Mit sehr viel Glück findet eine Frau einen Mann, der mit ihr seine Freizeit verbringen möchte. Es kann ihr aber genauso gut passieren, dass sie abends alleine zuhause herumsitzt, weil er noch arbeitet oder Fußball spielt und sie ihre alten Freundschaften vorschnell aufgegeben hat.

Natürlich ist die Wahrscheinlichkeit, in der Liebe Glück zu finden, groß: Die Zärtlichkeit einer spontanen Geste, die Tiefe der eigenen Empfindungen und das grundlegende menschliche Bedürfnis, zu jemandem „gut" zu sein – das sind nur wenige der zahlreichen Geschenke der Liebe. Doch das Glück, das die Liebe mit sich bringen kann, ist keine verlässliche Größe, die sich automatisch ergibt, sobald man einen Partner gefunden hat, sondern ein Produkt des Zufalls. Gefühle sind nur wenig beeinflussbar. Eine Frau, die sich allein auf das Glück in der Liebe verlässt, konzentriert sich ganz auf das, was sie nicht kontrollieren kann. So aber wird sie automatisch zum Opfer der Umstände und der Willkür eines anderen. Während sie wartet, dass das Glück ihr in den Schoß fällt, bleibt sie selbst passiv. Sie neigt dazu, Glück zu konsumieren, anstatt es selbst zu produzieren. Sie legt die Hände in den Schoß und verpasst Tag um Tag die Gelegenheit, glücklich zu sein – vergleichbar mit jemandem, der zu seinem Lebensunterhalt Lotto spielt, statt zu arbeiten, und der deshalb verarmt. Es ist erstaunlich, aber auch von einer gewissen Logik, dass die Glückserwartungen an die Umwelt in dem Maße steigen, in dem selbst nichts für das eigene Glück unternommen wird. Es soll schon das perfekte, das ganz große Glück sein, herausragende, schillernde Momente, ein Highlight nach dem anderen! Der Heiratsantrag, die Geburt des Kindes, die Reise nach Sri Lanka, der Doktortitel – wer solche Ausnahmemomente des Lebens zum Maßstab für Glück macht, versäumt meist, jeden Tag etwas für das eigene Glück zu tun.

Passivität, gepaart mit extrem hohen Glückserwartungen, ist die beste Strategie, Glück zu vertreiben! Es ist ziemlich genau das Gegenteil von dem, was wir heute über die Faktoren wissen, die Glück entstehen lassen: Glückliche Menschen machen sich unabhängig von den Umständen und von anderen! Sie haben gelernt, Glück selbst zu produzieren! Sie haben eine detaillierte Kenntnis ihrer Bedürfnisse und Vorlieben und sind in der Lage, sie optimal zu befriedigen:

Glückliche Menschen können sich selbst geben, was sie brauchen.
Sie sorgen jeden Tag für ihr Wohlbefinden und gönnen sich den Genuss kleiner Freuden.

Glückliche Menschen lieben sich selbst ohne Einschränkung.
Sie schaffen sich Raum und Gelegenheit, ihre Vorlieben auszuleben, und für ihre Persönlichkeit eine optimale Umgebung. Sie stehen zu sich und haben den Mut, ihren Eigenarten entsprechend zu leben.

Sie schielen niemals darauf, dass ein anderer die Verantwortung für ihr Wohlbefinden und ihr Tun übernimmt:

Glückliche Menschen übernehmen Verantwortung.
Sie nehmen die Dinge selbst in die Hand und überlassen den Verlauf des eigenen Lebens weder dem Zufall noch den Interessen anderer. Sie „warten nicht auf Godot". Sie warten nicht ab.

Sie sehen, was das Leben ihnen bietet, und greifen zu:

Glückliche Menschen sind aktiv.
Selbst unter widrigsten Umständen konzentrieren sie sich mit aller Macht auf das, was innerhalb ihrer Kontrolle liegt, und nutzen jede noch so kleine Möglichkeit, ihre Situation zu verbessern – wie die Frau mit der Narbe im Gesicht, die sich sorgfältig schminkt und anzieht und mit ihrer offenen Art bei ihren Mitmenschen das Gefühl von Selbstverständlichkeit und Normalität erzeugt – oder der Mann auf Krücken, der als Straßenkünstler einen Ball mit Geschick und Witz jongliert und sich mit seiner kleinen Show Geld und Anerkennung verdient.

Sie folgen dem Drang, ein befriedigendes Leben zu führen:

Glückliche Menschen geben ihrem Leben Sinn.
Sie suchen sich ihre ganz persönliche Aufgabe in der Welt und setzen sich Ziele. So bekommt ihr Alltag Glanz und ihr Leben Bedeutung.

Mit all diesen Strategien schaffen sich glückliche Menschen eine solide Basis aus kontinuierlichem Wohlbefinden, persönlicher Zufriedenheit und vielen, vielen Glücksmomenten. Derart optimal ausgerüstet können sie sich an Glücksfällen wie einem unvermuteten Geschenk oder einem Lottogewinn sogar doppelt freuen. Sie können die Ausnahmemomente des Schicksals als Dreingabe genießen. – Und genau diese Haltung pflegen glückliche Menschen auch der Liebe gegenüber: Sie sehen sie als *Luxus*, als Geschenk, auf das man niemals Anspruch erheben kann. Sie betrachten sie als einen der Glücksfälle des Lebens und deshalb ungeeignet als Basis ihres Selbstwertgefühls. Sie bauen umgekehrt ihre Beziehungen lieber auf dem Fundament ihrer Zufriedenheit und inneren Stärke. Auch wenn sie vielleicht sagen, ihr Partner sei das Wichtigste in ihrem Leben, waren sie schon immer in der Lage, aus ihrem Leben etwas zu machen, und haben diese Fähigkeit in ihrer Liebesbeziehung beibehalten. – Das ist doch endlich eine Haltung, die auch unseren tatsächlichen Möglichkeiten, glücklich zu werden, entspricht!

Liebe? – eigentlich Luxus!

Hannah hatte einen tollen Tag: Ihre Präsentation verlief reibungslos. Ihre Argumente konnten sogar ihren Chef überzeugen, die bisherige Verkaufsstrategie zu ändern... Für diese gute Leistung musste sie sich unbedingt mit einer Massage nach ihrem Waldlauf belohnen. Jetzt bereitet sie sich Hühnchen in Zitronensoße zu – ihr Lieblingsessen. Vielleicht kommt Simon später vorbei. Und wenn nicht – sie hat noch diesen spannenden Krimi zum Weiterlesen...

Ohne Zweifel – Hannah hat ein ausgefülltes Leben. Sie braucht die Liebe weder, um ihre Person aufzuwerten, noch um Lücken in ihrem Leben zu füllen. Und so ist sie auch in der Lage, sie zu genießen. Wer wie sie die Liebe nicht mehr als Basis für das eigene Dasein braucht, wird frei, ihre schönen Seiten zu entdecken: Die Liebe wird zum Luxus, zum exquisiten Genuss und zum besonderen Erlebnis.

Die Liebe verliert ihren Zauber, wenn man sie zur Notwendigkeit erklärt. Das unbedingte Streben danach, den Alltag mit einem Mann zu teilen, macht auch die Liebe zu etwas Alltäglichem. Der Partner ist irgendwann einfach da, wie die Stehlampe im Wohnzimmer „da" ist – eine Selbstverständlichkeit, nicht gewürdigt und kaum noch registriert.

So wie Kaviar kein Hauptnahrungsmittel ist, ist auch die Liebe nicht in der Lage, alle grundlegenden Bedürfnisse der Frau zu stillen. Sie ist zu unzuverlässig, zu kapriziös, zu fragil. Man schlüpft auch nicht ins Abendkleid, wenn man friert, man verlässt sich lieber auf die warme Strickjacke. Trotzdem versuchen viele Frauen – im übertragenen Sinne – mit Kaviar ihren Hunger zu stillen und mit dem Abendkleid die Kälte zu vertreiben. Sie wollen mit dem Luxusgut Liebe ihre elementaren Bedürfnisse nach Anerkennung, Lebenssinn und Orientierung befriedigen. Einen Luxus wie die Liebe muss man sich aber erst einmal leisten können! Eine stabile Beziehung zur eigenen Person, eine gute Portion Selbstliebe ist deshalb die Voraussetzung, das „täglich Brot", um das wir uns zuallererst kümmern müssen. Solange uns das fehlt, werden wir uns mit Kaviar nur den Magen verderben und die Liebe nicht genießen können.

Wenn Sie richtigen Bärenhunger haben, machen Sie doch auch einen Bogen ums Delikatessengeschäft und gehen lieber zu einem einfachen Bäcker. Und so sollten Sie sich auch in Ihrer Beziehung verhalten, wenn Sie das Gefühl haben, nicht genug Liebe zu bekommen: Schaffen Sie Distanz zum Mann und sich selbst Raum. Verdrängen Sie ihn aus dem Zentrum Ihres Lebens und stellen Sie ab jetzt *Ihre* Belange in den Mittelpunkt. Beginnen Sie selbst für sich zu sorgen und nehmen Sie nicht mehr den Umweg über Ihren Partner. Hören Sie auf, sich auszubeuten und zu vernachlässigen in der Hoffnung auf seine Liebe und Anerkennung. Sie selbst werden sich diese Liebe geben. Statt danach zu schauen, ob Ihr Geliebter Ihnen gibt, was Sie brauchen, erfüllen Sie sich selbst Ihre Wünsche! Ab jetzt sorgen Sie dafür, dass es Ihnen gut geht. Sie verwirklichen ein Leben, das zu Ihren Vorlieben passt, und machen sich Gedanken über seine Inhalte und Ziele. Sie fragen sich jeden Tag: „Was habe ich heute für mich und mein Glück getan?" Dann wird die Liebe für Sie nicht mehr das „Schlaraffenland" sein, sondern eine unter vielen anderen Quellen des Glücks.

Betrachten wir noch einmal den typischen Verlauf einer Beziehung, die dem Ideal vom „Schlaraffenland Liebe" folgt:

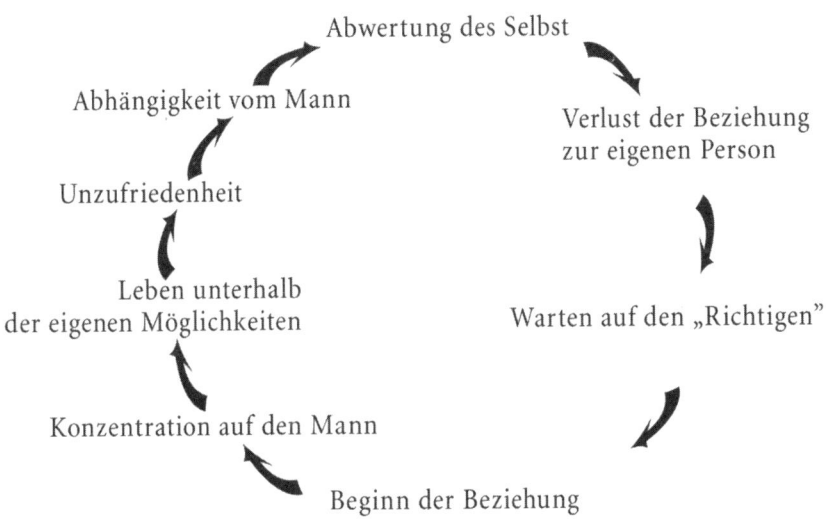

Zwei Punkte halten diesen Kreislauf am Leben: das geringe Selbstwertgefühl der Frau und ihre starke Konzentration auf den Mann. In einer Beziehung, die auf der Vorstellung von der Liebe als Luxus beruht, entsteht gleichfalls ein Kreislauf, in dem sich allerdings Selbstliebe und die Konzentration auf die eigene Person gegenseitig verstärken:

Aufwertung des Selbst

Zufriedenheit

stabile Beziehung
zur eigenen Person

Leben nach den
eigenen Möglichkeiten

Strukturierung des
eigenen Lebens

Konzentration auf
die eigene Person

Beginn der Beziehung
oder
weiter ohne Mann

In diesem Modell ist es egal, ob Sie einen Mann haben oder nicht, aber von äußerster Wichtigkeit, dass Sie sich ein gutes Leben aufbauen und sich Ihr Glück selbst schaffen. Dann gewinnen Sie, was sie im „Schlaraffenland Liebe" verlieren:

Luxus Liebe	Scharaffenland Liebe
Eine Frau ruht in sich selbst. Sie kennt ihre Neigungen und lebt nach ihnen.	Eine Frau hungert nach Bestätigung. Sie lässt ihre individuellen Neigungen verkümmern.
Ihr Leben ist strukturiert. Sie hat einen eigenen Lebensstil entwickelt und hat auch beziehungsfremde Ziele.	Ihr Leben ist ohne Struktur. Sie hat keinen eigenen Lebensstil. Ihr einzig nennenswertes Ziel ist, einen Partner zu finden und zu halten.
Ihr Partner soll Ergänzung sein.	Ihr Partner soll die substanzielle Leere in ihrem Leben füllen.

Sie sucht einen Partner, der grundsätzlich zu ihren Neigungen und ihrem Lebensstil passt. Sie hat keinen Druck, einen Partner zu finden. Sie nimmt sich Zeit für ihre Wahl und weiß genau, warum sie jemanden bevorzugt.	Es ist ihr wichtig, überhaupt einen Partner zu haben. Sie ist bei seiner Wahl an dem interessiert, was er ihr an Status und Bestätigung „bringt". Ihre Partnerwahl geschieht unter großem Druck seitens der Gesellschaft und ihrer nach Bestätigung hungernden Psyche. Sie lässt rationale Gründe, die gegen einen Mann sprechen, außer Acht.
Sie nimmt den gewählten Partner so wahr, wie er ist, und akzeptiert seine Persönlichkeit. Sie gewährt ihm die Freiheit, nach seiner Façon zu leben. Sie überprüft immer wieder das Verhältnis von Gemeinsamkeit zu Eigenleben und sorgt dafür, dass sie ihre eigenen Interessen verfolgen kann.	Sie verklärt den gewählten Partner zum „Richtigen" und nimmt ihn nicht so wahr, wie er ist. Sie leugnet die Teile seiner Persönlichkeit, die ihrem Bild vom Traummann widersprechen. Sie akzeptiert nichts, was sie nicht mit ihm teilt, und gestattet ihm nicht, eigene Interessen zu verfolgen. Sie überprüft immer wieder das Verhältnis von Gemeinsamkeit zu Eigenleben und sorgt dafür, dass die Gemeinsamkeit das Eigenleben völlig verdrängt.
Sie hält genügend Distanz, um ihre Beziehung sexuell interessant zu halten.	Sie verlangt ständige Nähe und wundert sich über den Verlust an erotischem Interesse.

Sie ist frei, eine Beziehung zu beenden, die ihr schadet. Sie merkt sehr genau, wenn ein Partner sie schlecht behandelt.	Ihr Mangel an Selbstliebe kettet sie auch dann an einen Mann, wenn die Beziehung zu ihm ihre Lebensqualität extrem mindert. Es fällt ihr schwer, die schlechte Behandlung durch ihren Partner als solche zu erkennen. Außerdem klammert sie sich an die Hoffnung, dass sie ihren Partner „erziehen" könnte.
Sie übernimmt die Verantwortung für ihr Zusammensein mit ihrem Mann.	Sie übernimmt keine Verantwortung für ihre Entscheidung, mit ihrem Mann zusammen zu sein.

Die „Liebe als Luxus" fördert nicht nur Achtung und Toleranz, sondern auch Selbstbewusstsein und Selbständigkeit der Partner. Beide sind jeweils in der Lage, auch den Neigungen nachzugehen, die der andere nicht teilt. Und so kommt zu dem Glück, das jeder von beiden sich selbst verschafft, das der Liebe hinzu. Es ist diese Fähigkeit zur Distanz, die eine neue Qualität der Nähe schafft!

Die Angst, den Partner zu verlieren, ist in engen Beziehungen erstaunlicherweise größer. Geborgenheit und Sicherheit hängen von der ständigen Präsenz des Partners ab und verlieren sich, sobald er nicht mehr da ist. Die Bindung zum Partner entwickelt sich vor allem durch Gewohnheit und dadurch, dass sich das ganze eigene Leben auf ihn konzentriert. In einer Beziehung mit mehr Distanz wie in der „Liebe als Luxus" entsteht dagegen die Notwendigkeit, Geborgenheit in sich selbst zu entwickeln. Dadurch ergibt sich eine Sicherheit, die sich nicht automatisch verliert, wenn der Partner geht. Die Beziehung zu ihm ist nicht mehr von substanzieller

Wichtigkeit für das eigene Leben, noch entscheidet sie über das persönliche Selbstwertgefühl. Eine Trennung wird deshalb auch nicht als Katastrophe empfunden. Trotzdem ist die Liebe leidenschaftlich, weil nicht mehr von der Angst vor dem Verlust, sondern vom Interesse am Partner motiviert. In erotischer Hinsicht ist eine Beziehung, die weniger auf Geborgenheit zielt, ein Gewinn: Der Geliebte bleibt immer ein bisschen fremd und dadurch länger attraktiv.

Die Liebe als Luxus zu betrachten und zu genießen – das ist eine neue, zeitgemäße Beziehungsform, die auch langfristig Leidenschaft und Intensität bietet, ohne unsere heutigen Möglichkeiten als emanzipierte Frauen zu unterminieren! Sie erlaubt uns, unser Glück selbst in die Hand zu nehmen und unsere Beziehungen endlich gleichberechtigt zu gestalten: auf Augenhöhe mit dem Partner und nicht mehr mit der Sehnsucht des kleinen Mädchens, durch die Liebe aufgewertet zu werden.

Die Fähigkeit oder Unfähigkeit, sich selbst zu lieben, und weniger das Interesse des Mannes ist entscheidend für das Glück einer Frau. Wir haben es selbst in der Hand! Auch wenn die Vorstellung von der Liebe als Schlaraffenland den Interessen der Männer dient, sind es doch wir Frauen, die daran glauben…

Es wird Zeit, die Verantwortung für unser Unglück zu übernehmen und unser Glück zu gestalten. Welche Einstellung wir zu unserer eigenen Person pflegen und wie wir unser Leben führen, hängt ganz allein von uns selbst ab! Diese Basis muss stimmen, wenn wir ein glückliches Leben *und* eine gute Beziehung haben wollen – und um diese Basis werden wir uns jetzt ausführlich kümmern!

Teil II

Die Liebe zu sich selbst

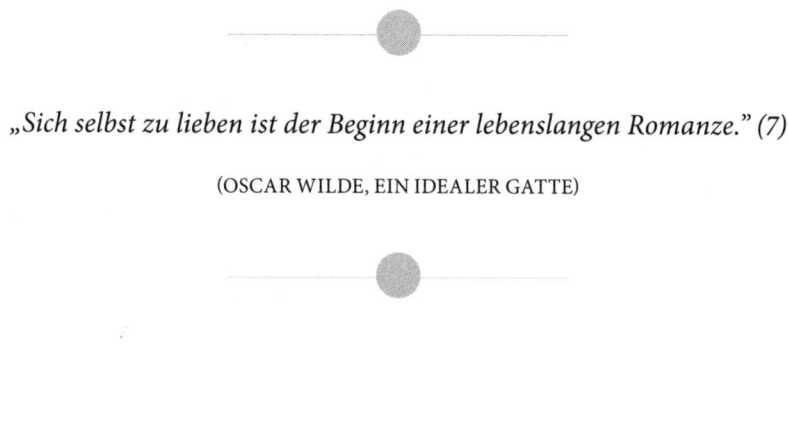

„Sich selbst zu lieben ist der Beginn einer lebenslangen Romanze." (7)

(OSCAR WILDE, EIN IDEALER GATTE)

Unsere Angst vor Egoismus…

W enn Mareike sich morgens im Spiegel betrachtet, ist ihr Tag eigentlich schon gelaufen: Muss sie derart dicke, wabbelige Oberschenkel haben? Am Bauch hat sie auch wieder zugenommen! Missmutig zieht sie sich irgendeine Hose an. „Wird sicher ein toller Tag werden!", denkt sie. „Erst der Stress in der Arbeit, dann Zahnarzt und Elternabend! Und dann noch den ganzen Tag diese blöde neue Kollegin vor Augen: rank und schlank, voller Energie, goldblondes Haar und eisblaue Augen – zum Kotzen!" Mareike wird jedes Mal grün vor Neid, wenn sie Yvonne am Telefon mit ihrem Liebhaber säuseln hört – und sich selbst daneben betrachtet: dick und hässlich. Das reicht natürlich nur für einen Langweiler wie Tim…

Jeder Psychotherapeut weiß ein Lied davon zu singen: Die meisten Frauen haben wie Mareike Probleme, sich selbst zu akzeptieren und zu lieben. Wenn er versucht, seinen Klientinnen Selbstliebe beizubringen, hat er mit größten Widerständen zu kämpfen. Die Mehrzahl der Frauen wird auf die Frage, ob sie sich selbst gut finden, mit einem verschämten „Nein" antworten. Tief verwurzelt ist in unserem Denken der Glaube, dass Selbstliebe nur negative Konsequenzen haben könnte, dass, wer es sich gut gehen lässt, das auf Kosten anderer tue und dass durch zuviel Egoismus die Schranke falle, die uns davor bewahrt, hinterhältig, gemein und gewalttätig zu werden. Obwohl die moderne Psychologie seit Jahrzehnten für einen liebevolleren Umgang mit der eigenen Person plädiert und im mangelnden Selbstwertgefühl den Grund für so manche psychische Erkrankungen sieht, hält sich hartnäckig unsere Angst vor dem eigenen Egoismus. Wahrscheinlich hindert auch Sie eine der folgenden Befürchtungen daran, eine gute Beziehung zu Ihrer eigenen Person aufzubauen:

Es ist größenwahnsinnig, sich selbst zu lieben.
Wer ist schon in der Lage, sich selbst objektiv zu beurteilen? Jeder neigt doch mehr oder weniger dazu, sich selbst zu überschätzen. Und kommt dann noch Selbstliebe dazu, wächst die Gefahr, sich vor anderen lächerlich zu machen.

Selbstliebe torpediert den Wunsch nach Verbesserung.
Wenn Sie sich schon so, wie Sie sind, gut finden, haben Sie vielleicht keinen Ansporn mehr, aus sich und Ihrem Leben etwas zu machen.

Wichtiger als Selbstliebe ist die Anerkennung durch die anderen.
Wenn Sie sich selbst lieben, kümmern Sie sich weniger um das Urteil anderer. Das könnte einige Ihrer Mitmenschen vor den Kopf stoßen.

Selbstliebe führt zu Egoismus.
Dahinter steckt die Behauptung, dass nur die Angst vor sozialer Ächtung unsere „natürliche" Tendenz zum Egoismus in Schach hielte. Wenn Sie sich selbst lieben, haben Sie vielleicht diese Angst nicht mehr. Sie würden rücksichtslos nur Ihre Interessen verfolgen, das soziale Miteinander missachten und anderen schaden.

Selbstliebe führt zu kriminellem und asozialem Verhalten.
Wenn Sie sich selbst lieben, machen Sie Ihre Bedürfnisse zum Maß aller Dinge, statt sich nach den Regeln der Gemeinschaft zu richten.

Selbstliebe macht „böse".
Dahinter steckt die Annahme, dass wir alle grundsätzlich zu rücksichts-
loser Gewalt neigen und uns deshalb liebevolles Verhalten mühsam anerzogen werden musste. Wenn Sie sich selbst lieben, bedeutet das folglich,
etwas Schlechtes zu hegen und zu pflegen. Wenn jeder Mensch sich selbst
liebte, würden alle Hemmungen fallen! Es käme wahrscheinlich zu einem
Kampf jeder gegen jeden. Und das wäre dann das Ende der Menschheit.

Das sind in etwa die Argumente, die unsere Gesellschaft gegen Selbstliebe
anführt. Sie gelten für beide – Mann und Frau –, aber für Frauen in ver-
schärfter Form: Werden einem Mann noch Aggression und Egoismus als
Teil seiner „Natur" zugestanden, erwartet man von Frauen, die „besseren"
Menschen zu sein: fürsorglich, aufopfernd und bescheiden und so prädes-
tiniert zu einem Leben auf dem zweiten Rang.

...und die Grundlage der Nächstenliebe

Sind Menschen denn tatsächlich eher „böse" als „gut"? Ist uns das Böse wirklich angeboren und das Gute nur anerzogen? Dieses letzte Argument scheint der Ausgangspunkt unserer negativen Haltung der Selbstliebe gegenüber zu sein. Wie die Antwort auf diese Frage ausfällt, entscheidet darüber, ob wir Selbstliebe gutheißen oder ablehnen.

Menschen sind „gut" *und* **„böse".**
Kein Mensch hat ausschließlich destruktive oder ausschließlich konstruktive Verhaltensweisen. Deshalb ist es auch gar nicht so bemerkenswert, wenn ein Diktator seinen Freunden gegenüber Zuneigung zeigt. Die Natur hat uns mit der Anlage zu beiden Verhaltensweisen ausgestattet. Wir müssen aggressiv sein können. Leben ist unweigerlich Zerstörung und Leben auf Kosten anderer Lebewesen. Auch wer keine Tiere tötet, braucht doch Pflanzen, um sich zu ernähren. Nur mit „Liebsein" würden wir nicht lange überleben. Wir brauchen aber auch den Schutz der eigenen Person und der Gemeinschaft vor den Übergriffen anderer. Eine Mutter muss ihre Kinder verteidigen können. Und ein Kind muss lernen, sich in einer Gruppe zu behaupten. Aggression ist ein grundlegender und sinnvoller Bestandteil des Lebens!

Genauso verhält es sich umgekehrt mit der Fürsorge. Wir müssen fähig sein, uns liebevoll zu verhalten. Ohne diese Fähigkeit könnten wir nicht überleben. Schon allein die Aufzucht der Kinder ist von zärtlicher Zuwendung begleitet und umso erfolgreicher, je fürsorglicher sie ist. Liebevolles Verhalten geht aber auch weit über Blutsverwandtschaft hinaus und erstreckt sich auch auf die Gruppen, in denen wir uns bewegen, und auf die gesamte Menschheit. Fürsorge ist ein so starkes Element menschlichen Verhaltens, dass man davon ausgehen muss, dass sie Teil der menschlichen Natur ist.

Wir haben sowohl die Anlage zur Aggression als auch zur Fürsorge in uns, und der flexible Umgang mit beiden Verhaltensweisen ist für unser Überleben am erfolgversprechendsten. Es scheint ganz darauf anzukommen, beide Verhaltensweisen möglichst variabel und verfeinert aufeinander abzustimmen.

Frustration und Anpassungsbereitschaft führen zu aggressivem Verhalten.

Mit der Aggression haben wir die Möglichkeit, sehr kurzfristig für günstigere Lebensverhältnisse zu sorgen und Frustration abzubauen. Die Schnelligkeit, mit der wir in der Lage sind, aggressiv zu reagieren, hat aber auch Nachteile: Es handelt sich um eine besonders grobschlächtige Maßnahme, die zum einen häufig die trifft, die an der Situation gar keine Schuld tragen, und zum anderen oft durch ihre Wucht langfristig mehr zerstört als bewahrt. Dieser Zusammenhang zwischen Frustration und Aggression lässt sich für Kriege ganz gezielt ausnutzen: Man kann im Menschen die Bereitschaft, andere zu quälen und zu töten, erzeugen, indem man ihn absichtlich frustriert. Ein sattes, zufriedenes Volk ist schwerlich zu Kriegshandlungen zu bewegen. Ganz anders verhält es sich, wenn die Bevölkerung eines Landes alles entbehrt und glaubt, sich gegen die Ausbeutung durch ein anderes Land zur Wehr setzen zu müssen. So ist es

72

möglich, nahezu jeden Menschen zum Töten abzurichten, wenn man ihn verängstigt und quält. Grausamkeit wird dann zur „Überlebensstrategie" – der Blutrausch zur Möglichkeit, im Unkontrollierbaren so etwas wie Kontrolle zu erleben. Neue Gesetze etablieren sich und Gewalt wird zur Norm. Hier kommt jetzt der zweite Faktor hinzu, der Gewalt begünstigt: Je stärker die Neigung, sich an andere anzupassen, umso größer die Bereitschaft, zu morden, wenn es die anderen auch tun.

Mit unserer Einstellung zu uns selbst können wir Frustration und Anpassungsbereitschaft verstärken oder mindern! Wenn Sie sich selbst nicht leiden können, werden Sie Ihre Bedürfnisse weder kennen noch optimal befriedigen. Es wird Ihnen nicht gelingen, Glück für sich selbst zu schaffen und Sinn für Ihr Leben zu erzeugen. Sie legen sich stattdessen ein dickes Konto an täglichen Frustrationen zu. Das beginnt beim verantwortungslosen Umgang mit Ihrem Körper und geht weiter mit dem ständigen Kampf gegen Ihre eigene Person und gegen ein unverdientes, „unbarmherziges" Schicksal. So haben Sie auch keine Kraft, mit den normalen Frustrationen des Lebens fertig zu werden. Wenn Sie sich als Opfer Ihrer Unfähigkeit oder der Ungerechtigkeit der Welt erleben, werden Sie blind gegenüber den realistischen Möglichkeiten, Ihre Probleme zu lösen. Ihre Einstellung anderen gegenüber, die, wie Sie glauben, durchweg besser dran sind als Sie, ist voller Ressentiments. Sie sind viel zu sehr mit Ihrer eigenen Unzufriedenheit beschäftigt, um Empathie zu empfinden oder zu einer übergeordneten Weltsicht zu gelangen. Sie bleiben auf den unteren Stufen der Bedürfnispyramide stecken. Ihr Wertesystem ist labil. Weil Sie schon nicht wissen, was für Sie selbst gut und richtig ist, neigen Sie dazu, sich an den Normen der Masse zu orientieren, und werden unter Umständen zum Mitläufer, wenn die Mehrzahl der Menschen der Grausamkeit folgt.

Der Mangel an Selbstliebe begünstigt kriminelles und asoziales Verhalten.
Wenn Sie unfähig sind, nach Ihren Bedürfnissen zu leben, müssen Sie sich Ihrer Mitmenschen bedienen: Sie sollen Ihnen dann die Befriedigung und Geltung verschaffen, die Sie sich selbst versagen. Wer sich selbst nicht liebt, strebt nach Macht. Er wird zu dem Chef, den einzig seine Position, nicht seine Aufgabe interessiert, zu dem Politiker, der an seinem Sessel auch dann noch klebt, wenn seine Zeit schon vorbei ist. Die Macht über andere ist ihm wichtiger als die Interessen seiner Mitmenschen. Um sie zu behalten, ist er unter Umständen sogar bereit, Gesetze zu brechen.

Minderwertigkeitskomplexe führen zu Egoismus.
Wenn Sie keinen Bezug zu Ihren Bedürfnissen haben, können Sie auch nicht die Ihrer Mitmenschen berücksichtigen. Es fehlt Ihnen an Empathie, an der Fähigkeit, von Ihrer eigenen Person abzusehen. Es geht Ihnen vor allem anderen um die Frage, ob Ihr verletztes Ego noch mehr beschädigt oder endlich aufgewertet wird.

Selbstliebe ist wichtiger als die Anerkennung durch die anderen.
Die Angst vor Ablehnung manipuliert Sie zur Konformität, auch dann, wenn es gegen Ihre Interessen geht. Die Fähigkeit, die Verantwortung für sich zu übernehmen und nach den eigenen Bedürfnissen zu leben, bringt dagegen eine größere Unabhängigkeit mit sich. Wenn Sie erst einmal damit anfangen, für Ihr Glück zu sorgen, stellen Sie wahrscheinlich fest, dass Sie die anderen weitaus weniger als vermutet brauchen. Aus dieser Unabhängigkeit resultiert der Mut, sich im Zweifelsfall nach dem eigenen Wertesystem zu richten und nicht mit der Mehrheit konform zu gehen – auch dann nicht, wenn wie im Krieg gewalttätiges Verhalten zur Norm wird.

Selbstliebe motiviert zur Verbesserung.

Wenn Sie sich selbst lieben, liegt Ihnen immer an einer Verbesserung Ihrer Situation. Sie haben ein klares Ziel vor Augen und beschränken sich nicht darauf, Ihre Probleme in immer neue Worte zu kleiden. Sie denken lösungsorientiert und werden selbst aktiv. Schon allein dadurch bringen Sie das Ganze voran.

Die Talente und Kompetenzen von jedem von uns, aber auch die Motivation, aus ihnen etwas zu machen, sind für das Vorankommen unserer Gesellschaft von entscheidender Bedeutung: Selbstliebe führt dazu, dass Sie diese Talente überhaupt bei sich selbst wahrnehmen. Kreativität und außergewöhnliche Leistungen entstehen, wenn Sie an sich glauben und deshalb den Mut zum Scheitern aufbringen.

Selbstliebe bewirkt eine realistische Selbsteinschätzung.

Wenn Sie sich selbst lieben, betrachten Sie auch Ihre schlechten Seiten mit Wohlwollen. Sie müssen sie nicht abwehren, aus Angst, dann überhaupt nichts Liebenswertes oder Gutes mehr an sich zu haben. Mit Kritik von anderer Seite werden Sie sich selbstbewusst auseinandersetzen, statt sich angegriffen und in Grund und Boden verdammt zu fühlen. Sie behalten immer auch Ihre guten Seiten im Blick und gewinnen so ein ausgeglichenes Bild Ihrer Persönlichkeit. Eine solch differenzierte Wahrnehmung der eigenen Person ist viel realistischer, als nur eine schlechte Meinung von sich zu haben. Je differenzierter Sie sich selbst betrachten können, umso besser gelingt Ihnen das auch bei Ihren Mitmenschen und so beugen Sie selbst Frustration und Aggression in Ihrem Leben vor und sorgen für ein friedliches Miteinander.

Sie sehen, die Angst vor den negativen Folgen der Selbstliebe wie Egoismus, Gewalttätigkeit und Größenwahn ist nicht nur unbegründet, im Gegenteil, es lohnt sich für Sie und den Rest der Welt, wenn Sie sich selbst gut behandeln – nicht zuletzt durch das Glück, das Sie dann in Ihr Leben und in Ihre Beziehungen bringen.

Selbstliebe ist Pflicht!

Würden Sie sich bei Ihrem Kind allen Ernstes fragen, ob es sich Ihre Liebe verdient hat? Nein, Ihr Kind müsste keine „Voraussetzungen" erfüllen oder Leistungen erbringen, Ihre Liebe wäre bedingungslos. Warum sollten Sie es sich dann nicht erlauben, Ihre eigene Person zu lieben? Warum sollten Sie andere gut behandeln, nur nicht sich selbst? Warum sollten ausgerechnet Sie der hässlichste, schlechteste, wertloseste Mensch auf der ganzen Welt sein? Sie sind es nicht? Warum sprechen Sie dann in diesem keifenden Tonfall mit sich selbst? Warum gönnen Sie sich keine Entspannung? Warum sind Sie nicht nett zu sich? Sie haben sogar die Verpflichtung, sich selbst zu lieben und zu achten, denn die Gleichung: Wenn ich selbst nicht für mich sorge, werden es schon die anderen tun, geht nicht auf. Niemand wird kommen und Ihnen eine Stunde der Entspannung schenken. Unsinnig, auf jemanden zu warten, der Ihnen schon ein schönes und sinnvolles Leben bereiten wird. Für uns Erwachsene ist die Zeit des Gefüttert- und Gehätscheltwerdens vorbei! Und darin liegt auch das beste Argument für Selbstliebe überhaupt: Kein anderer kann so gut für Sie sorgen wie Sie selbst! Kein anderer weiß so genau, was Sie begeistert und glücklich macht: die ganz frischen, handgemachten Pralinen vom Konditor, der Geruch von Sommer auf der Haut, die Erschöpfung nach einem ausgedehnten Lauf – und vieles andere mehr, das ganz allein Ihrer individuellen Persönlichkeit entspricht. Wenn Sie dieses Wissen richtig anwenden und sich optimal um sich selbst kümmern, müssen es die anderen nicht mehr tun. Sie entlasten die Gemeinschaft.

Außerdem haben Sie nun einmal die Aufgabe, das Beste aus sich und Ihrem Leben zu machen. Und dieser Aufgabe können Sie mit Selbstliebe viel besser nachkommen. Der Kraftaufwand, den Ihre Minderwertigkeitskomplexe jeden Tag Ihnen abverlangen, ist viel zu groß. Betrachten Sie doch nur einmal ein Kind, das bei seinen ersten Malversuchen gehänselt wird. Wenn es überhaupt je wieder einen Stift in die Hand nimmt, wird es in Zukunft immer gegen die Demotivation, die es von anderen übernommen hat, ankämpfen müssen. Seine weiteren Malversuche werden nur noch zaghaft und mühsam vorangehen. Ein Kind aber, dessen erste Bilder gefeiert und gelobt werden, wird sich voller Eifer ans nächste Bild machen. Mit Leichtigkeit wird es Fortschritte erzielen. Es braucht nicht jedes Mal die Angst zu überwinden, Fehler zu machen und dumm dazustehen.

Wenn Sie sich selbst lieben, sind Sie wie dieses Kind frei, die Welt zu entdecken. Sie werden mehr können, mehr erleben und mehr erreichen. Vor allem aber werden Sie glücklicher sein.

Selbstliebe ist Liebe!

Es ist schon fast ein Gesetz der Liebe, dass der, der sie am dringendsten braucht, am wenigsten bekommt. Minderwertigkeitsgefühle machen jeden Menschen unattraktiv, schon allein deshalb, weil der Mut fehlt, sich selbst vorteilhaft zu präsentieren, aber auch jene Eigenständigkeit, die einen Menschen erst interessant macht. Extreme Formen emotionaler Bedürftigkeit schlagen auf Dauer jeden noch so gutwilligen Partner in die Flucht. Eine Frau, die sich selbst nicht liebt, ist gar nicht in der Lage, die Zuneigung anderer zu spüren. Weil sie sich selbst nicht leiden kann, reagiert sie auf Nettigkeiten mit Ungläubigkeit. Früher oder später wird ihr Partner schon noch die Wahrheit über sie herausfinden und sich von ihr mit Grauen abwenden. So ganz Unrecht hat sie mit ihren Befürchtungen gar nicht – schließlich ist eine Frau, die keine anderen Interessen verfolgt, als die Aufmerksamkeit ihres Partners zu gewinnen, und sich eifersüchtig an ihn klammert, äußerst langweilig. Es wird unmöglich, Liebe zu schenken, wenn man selbst alle Möglichkeiten, glücklich zu werden, mit Ausnahme der Liebe weggibt!

Innere Zufriedenheit, Glück und der Reichtum eines ausgefüllten Lebens machen die Frau, die sich selbst liebt, so attraktiv für andere. Sie kann aus dem Vollen schöpfen und hat etwas zu bieten. Außerdem agiert sie in ihren Beziehungen selbstbewusst und unabhängig und ermuntert ihren Partner, es ihr gleichzutun. Sie ist tolerant, was die Eigenheiten anderer anbelangt, und respektiert ihre Bedürfnisse. Sie macht keine faulen Kompromisse nur um des lieben Friedens willen. Sie weiß, sie ist für sich selbst verantwortlich und nicht ihr Partner – und dieser Verantwortung kommt sie nach. So ist sie in der Lage, eine Liebe zu schenken, die in der Konsequenz selbstlos ist. Sie muss sich eben nicht anderer bedienen, um sich gut zu fühlen. Sie sieht ihren Partner als eigenständigen Menschen und nicht nur in Verbindung mit ihren eigenen Bedürfnissen. Weil sie sich selbst liebt, ist sie in der Lage, von sich selbst abzusehen und andere in ihrer Entwicklung zu unterstützen. Eine Beziehung mit ihr ist bereichernd und fördert das Beste im Menschen zutage. Und das ist es, was Liebe auch bewirken sollte.

Niemals würde eine Frau, die sich selbst liebt, von einem anderen verlangen, gegen seine Interessen zu handeln. Manipulation und emotionale Erpressung sind ihr fremd. Mehr als alles andere achtet sie den freien Willen ihres Partners. Das ist die Verwirklichung des biblischen „Liebe deinen Nächsten wie dich selbst" – die höchste Form der Liebe, die die Selbstliebe in unserer Haltung anderen gegenüber einschließt und voraussetzt. Sie sehen: Sich selbst zu lieben ist das Beste, was Sie für sich und für andere tun können!

Lernen Sie es! Jetzt!

Die meisten Menschen bezweifeln, dass es möglich ist, sich eine positive Einstellung zur eigenen Person anzueignen, und verkennen dabei, dass auch Selbstverachtung das Ergebnis eines Lernprozesses ist. Kein Kind kommt mit einem angeknacksten Selbstbewusstsein auf die Welt. Auch wenn Eigenschaften wie Schüchternheit oder Sensibilität Faktoren sind, die ein negatives Selbstbild festigen können, ist es doch weitgehend die Reaktion unserer Umwelt auf unsere Person, die die Qualität unserer Beziehung zu uns selbst bestimmt – und sie auch immer wieder verändert: Unter der Zuneigung anderer blühen wir auf und reagieren niedergeschmettert, wenn wir im umgekehrten Fall beleidigt werden.

Schauen wir uns doch einmal an, was passieren muss, damit ein Kind eine negative Einstellung zur eigenen Person gewinnt:

1. Die Bedürfnisse des Kindes werden ignoriert, abgelehnt oder lächerlich gemacht.

2. Das Kind wird zu wenig gelobt.

3. Es verlernt, nach der eigenen Façon zu leben.

4. Das Kind wird nicht in *seinen* Interessen und Anlagen gefördert.

Die eigene Selbstwahrnehmung wird zwar in unserer Kindheit von unseren Bezugspersonen geprägt, kann aber jederzeit von günstigen Faktoren verändert werden: Das Selbstbewusstsein steigt auch später noch, wenn andere Personen wie z.B. ein Lehrer Begabungen in uns entdecken und fördern. Die meisten Menschen werden auch mit zunehmendem Alter selbstbewusster, weil sie Aufgaben und Krisen bewältigt haben und so ein Gefühl für ihre eigene Kompetenz entwickeln.

Die Einstellung zur eigenen Person ist erlernt und kann sich im Laufe des Lebens ändern.

Wird jemand gut behandelt, steigt auch sein Selbstbewusstsein. Das Ausschlaggebende an diesem Punkt ist, dass wir ihn sogar bis zu einem gewissen Grad selbst steuern können. Wir lernen nämlich, uns auf Dauer minderwertig zu fühlen, indem wir beginnen, uns selbst so schlecht zu behandeln, wie es vorher die anderen taten. Was das eigene Selbstbewusstsein anbelangt, sind wir also nicht nur Opfer, sondern auch Täter – und darin liegt die Chance zur Veränderung: Ob andere mich mögen und gut behandeln, ist Zufall, aber ob ich tagtäglich gut zu mir selbst bin, liegt ganz allein in meiner Hand:

Wenn Sie sich selbst gut behandeln, steigt Ihr Selbstbewusstsein.

Es geht also darum, sich selbst mindestens so gut zu behandeln, als wären Sie eine andere Person, die Sie innig lieben, der Sie das Beste wünschen und die Sie mit ganzer Kraft unterstützen. Sie achten darauf, dass es Ihnen in jeder Hinsicht gut geht und dass all Ihre Bedürfnisse so gut wie nur möglich befriedigt werden. Sie stärken sich selbst den Rücken und gönnen sich so viel positives Feedback wie nur möglich. Gegen erniedrigendes Verhalten von Seiten anderer Personen grenzen Sie sich entschieden ab. Sie gestalten Ihr Leben so, dass sich Ihre Interessen und Anlagen entfalten und Sie das befriedigende Gefühl einer sinnvollen Existenz erreichen. Summa summarum geht es darum, ein Leben zu entdecken, das Ihrer individuellen Persönlichkeit entspricht.

All diese Punkte stimmen vollkommen mit dem überein, was sich als Strategie zur Selbstliebe ergibt, wenn Sie die Methoden, mit denen Ihnen Minderwertigkeitsgefühle beigebracht wurden, einfach umkehren:

1. Sie beginnen Ihre Bedürfnisse wahrzunehmen und zu befriedigen.

2. Sie beginnen sich selbst zu loben.

3. Sie lernen nach Ihrer Façon zu leben.

4. Sie fördern sich in *Ihren* Interessen und Anlagen.

Glück und Zufriedenheit beginnen im Kleinen. Deshalb werden auf den folgenden Seiten die einfachen Dinge des Lebens nicht nur berücksichtigt, sondern gezielt genutzt. Sie lernen, Ihre Grundbedürfnisse wie Essen, Schlaf, Sex optimal zu befriedigen, und erfüllen sich Ihren Wunsch nach Gemeinschaft und Entspannung. Im Kapitel „Ein Leben nach Ihrer Façon" beginnen Sie, Ihr Leben entsprechend Ihren Vorlieben zu gestalten. Wenn Sie sich dann im letzten Teil dieses Buches daran machen, Ihr Lebensthema zu verwirklichen, dringen Sie zur eigentlichen Bedeutung Ihres Daseins vor. Sie erfahren seine spirituelle Dimension. Für den einen oder anderen Partner ist es befremdlich, ja sogar bedrohlich, wenn seine Frau sich mit der spirituellen Seite des Lebens und mit dem Tod beschäftigt. Und doch werden wir alle spätestens dann, wenn wir sterben, eine spirituelle Erfahrung machen... Wer sich vorher schon durch spirituelle Übungen wie in der Meditation oder im Yoga darauf vorbereitet, gewinnt Vertrauen. Wenn Sie darüber hinaus Ihr Leben einem Thema widmen, stillen Sie Ihr

Bedürfnis nach Dauer, Einzigartigkeit und Sinn. Auf dem Weg dahin steigern Sie Schritt für Schritt Ihr Glück von körperlichem Wohlbefinden zur tiefen Zufriedenheit über ein als sinnvoll empfundenes Leben:

→ Das eigene Lebensthema verwirklichen

→ Das Leben nach der eigenen Façon gestalten

→ Sozialen Bedürfnissen und dem Wunsch nach Entspannung nachgeben

→ Die Grundbedürfnisse Essen, Schlaf, Sex befriedigen

Selbstliebe ist viel mehr, als sich ab und zu etwas Gutes zu gönnen. Sie ist ein Lernprozess, der Sie den Rest Ihres Lebens begleiten wird. Aber keine Angst: So viel müssen Sie auch nicht tun. Es sind vor allem die kleinen, aber stetigen Veränderungen in Ihrem Alltag, die die Einstellung zu Ihrer Person nachhaltig ändern werden.

Bringen Sie den Stein ins Rollen!

Sie erinnern sich noch an Sonja und ihren Frust über ihren Mann, der sie an den Wochenenden so oft alleine ließ? Heute ist sie sehr zufrieden mit ihrem Leben und möchte ihre neu gewonnene Freiheit nicht missen:

Rückblickend sieht sie ihre Trennung als Prozess, der sich zwangsläufig aus vielen kleinen Veränderungen ergab. Es begann damit, dass sie endlich ihren Motorradführerschein machte. Gemeinsam mit ihrer neuen Motorradclique brauste sie an den Wochenenden los. Sie saß abends am Lagerfeuer, schlief in Heuschobern und hatte einen Heidenspaß. Mit ihren neuen Freunden und neuen Beschäftigungen hatte sie, ohne es zu beabsichtigen, die Grundlage für den nächsten Schritt geschaffen: In einer gemeinsamen Aussprache einigte sie sich mit Heiko auf eine mehrmonatige Beziehungspause und dann auf die Scheidung.

Nicht immer sind es die radikalen und großen Veränderungen, die helfen, eine Situation zu verbessern. Auch ein kleiner Schritt in die richtige Richtung kann Impulse für weitere Veränderungen geben. Schon 10% Aufwand bringt unter Umständen 100% Erfolg. Freilich, nur wenige Frauen nehmen diese 10% Aufwand auf sich, weil die meisten sich für das, was ihnen geschieht, einfach nicht verantwortlich fühlen. Schuld sind ihrer Meinung nach die anderen, allen voran der Partner. Selbst etwas zur Verbesserung der eigenen Lage zu unternehmen würde ja eventuell bedeuten, diese Schuld auf sich zu nehmen. Lieber rufen sie Gott und die Welt zum Zeugen, damit endlich publik wird, wie „unfair" sie behandelt werden. Wenn sie nur den öffentlichen Druck auf den Partner erhöhen, so meinen sie, würde er sich ändern und würden sie selbst endlich glücklich und zufrieden werden. Wie gut diese Strategie funktioniert – nämlich gar nicht –, zeigt sich daran, dass Frauen noch nach 10 Jahren dieselben Verhaltensweisen ihrer Männer beklagen. Anscheinend ist deren Angst vor öffentlicher Schmach weit weniger ausgeprägt, als ihre Partnerinnen es gerne hätten…

Wer nur die Schuld woanders sucht und nicht handelt, bringt sich um die einzig realistische Möglichkeit, die eigene Situation zu verbessern. Es wird immer Mitmenschen und Umstände geben, die Ihnen „Unrecht" tun. Die Kunst besteht darin, das Leben selbst zu gestalten, indem Sie aktiv werden, selbst Ihre Umstände ändern und Ihre eigenen Verhaltensweisen modifizieren.

Mini-Veränderungen entsprechen diesem Aufwand von 10 Prozent. Sie lassen sich schnell und praktisch in den Alltag integrieren und überfordern Sie nicht. Sie müssen sich auch nicht mit grundsätzlichen Entscheidungen abplagen, sondern können Neues ausprobieren und jederzeit in den sicheren Hafen zurückkehren. Vielleicht gerade deswegen sind Mini-Veränderungen so besonders wirkungsvoll. Durch sie können sich große Entscheidungen auf ganz natürliche Weise ergeben. Auf den folgenden Seiten werden Sie eine Fülle von Anregungen bekommen, die Ihnen zusammen mit solchen Beispielen für Mini-Veränderungen helfen, ganz konkret Selbstliebe zu lernen. Und wenn es auch nur zwei oder drei der Vorschläge sind, die Sie sich herauspicken: Sie müssen wirklich nicht viel tun, aber tun Sie es und bleiben Sie dran!

Es fängt schon im Kleinen an...

Einer Frau geht es gut, wenn es den Menschen um sie herum gut geht. Beziehungen bergen für sie deshalb die Gefahr, den Blick für ihre eigenen Belange zu verlieren: In der Sorge um das Wohl anderer vernachlässigt sie unter Umständen ihr eigenes. Das beginnt schon bei ihren einfachsten Bedürfnissen und zieht sich von da aus durch alle Bereiche ihres Lebens, immer in der Hoffnung, dass im „Schlaraffenland Liebe" dann endlich auch einmal ein anderer für sie sorgen wird. Doch ein Mann kümmert sich in erster Linie um sich selbst und stärkt damit sein Wohlbefinden und seine Position. Warum sollten Sie nicht davon lernen? Wenn Sie Ihre Grundbedürfnisse wahrnehmen und befriedigen, stärken Sie Ihr Selbstbewusstsein: Sie fühlen sich beachtet, umsorgt und zufrieden.

…Essen – Schlaf – Sex

Essen Sie gut? Schlafen Sie lange und tief? Ist der Sex, den Sie haben, so gut, dass Sie nicht genug davon bekommen können? Oder gehören Sie zu den Frauen, die nur mehr sporadisch essen, um nicht zuzunehmen? Lassen Sie sich außerdem wie so viele andere vom Schnarchen Ihres Partners im Schlaf stören? Und ist der Sex mit Ihrem Mann von der Art, dass Sie sich jedes Mal wünschen, „es" möge bald vorbei sein?

Dann wundert es nicht, dass Sie sich nicht wohlfühlen: energielos, weil Ihnen der Magen knurrt, gereizt, weil Ihnen Schlaf fehlt, und frustriert, weil die sexuellen Attacken Ihres Partners Sie nerven… Fehlt die Befriedigung der Grundbedürfnisse, hat das eine nicht zu unterschätzende Wirkung auf Ihr Allgemeinbefinden. Wenn Sie hungrig, müde und lustlos sind, wird es Ihnen schwerfallen, Aktivitäten zu genießen oder Ihre Aufgaben zu bewältigen. Wenn Sie dagegen Ihre Grundbedürfnisse optimal befriedigen, übernehmen Sie wieder die Verantwortung für Ihr Wohlbefinden und legen den Grundstein zu einem guten Leben. Essen, Schlafen und Sex können in beträchtlichem Maß Glücksgefühle auslösen. Köstlich, der erste Löffel Suppe, wenn Ihnen der Magen knurrt! Und wie behaglich das warme Bett im Winter! Es gibt kein einfacheres Mittel, sich selbst Liebe zu schenken!

Also, essen Sie! Essen Sie ausreichend und gut! Sie schaden Ihrem Körper nicht, wenn Sie essen. Genießen Sie den feinen Geschmack von Selbstgekochtem, schlemmen Sie Beeren und Früchte, reizen Sie Ihren Gaumen mit immer neuen Genüssen und erleben Sie die Freude zu kochen, zu würzen und zu variieren. Ihre Seele isst mit! Wann immer Sie etwas Gutes zum Essen in petto haben, steigt auch Ihre Lebensfreude. Wem zaubert nicht der Gedanke an frische Himbeeren mit Vanillecreme oder an frisches Bauernbrot mit Butter ein Lächeln ins Gesicht? Unsere liebevollsten Erinnerungen haben wir an die Menschen, die uns mit unvergleichlichen Genüssen versorgten: Sei es das Pflaumenmus der Oma, die Lebkuchen der Großtante oder das Lachsbrot, das nur der Vater so lecker mit Zwiebeln und Gurke zubereiten kann... Mit leckerem Essen schenken wir Liebe, anderen und uns selbst, Liebe und pures Glück.

Dasselbe gilt für Ihren Schlaf. Welch ein Luxus, tief schlafen zu können, ungestört die eigene Atmosphäre zu genießen, hinabzutauchen in eine andere Welt und in Gelöstheit und Vertrauen Glück zu erfahren. Nicht nur Ihr Körper, auch Ihre Seele schöpft Kraft. Wer gut schläft, kommt mit Belastungen besser zurecht. „Da schlafe ich noch mal drüber!", heißt es häufig dann, wenn es um eine wichtige Entscheidung geht. Ist Ihr Schlaf tief und ungestört, macht er Sie selig. Sie erwachen entspannt, erfrischt und glücklich. Sie sehen jünger aus, haben bessere Laune und starke Nerven. Allerdings kommen nur wenige Frauen nachts auch zur Ruhe. Das Diktat, mit dem eigenen Mann das Bett zu teilen, produziert eine Vielzahl an möglichen Störungen: Ihr Geliebter schnarcht, röchelt und hört zuweilen ganz auf zu atmen. Sein Arm lastet zentnerschwer auf Ihrem Kehlkopf oder Sie verbringen die Nacht auf einem schmalen Grat zwischen seinem Körper und dem Rand der Matratze. Sie liegen im Winter nackt und bloß, während das Unschuldslamm an Ihrer Seite die Decke gleich mehrfach um sich geschlungen hat. Es mag ein paar beneidenswerte Frauen mit robustem Nervenkostüm geben, die nichts von alldem im Schlaf stört. Sie sollen in der Löffelchenstellung glücklich werden. Ansonsten gilt: Schlaf geht vor Geborgenheit! Gönnen Sie es sich, Energie zu tanken, und beziehen Sie Ihr eigenes Bett oder besser Ihr eigenes Schlafzimmer. Gönnen Sie sich die Erholung. Sie brauchen sie, um tagsüber Ihre Aufgaben zu erfüllen und mit allen Sinnen Schönes zu erleben.

In sexueller Hinsicht Befriedigung zu erlangen scheint noch schwieriger zu sein als beim Essen oder Schlafen. Das ist aber nur dann der Fall, wenn Sie Ihre sexuellen Aktivitäten ausschließlich auf einen ungeschickten Liebhaber konzentrieren. Das, was sich zwischen Mann und Frau im Bett abspielt, richtet sich auch heute noch ganz nach den Bedürfnissen des Mannes. So oder so ähnlich gestaltet sich das sexuelle Geschehen nämlich im umgekehrten Fall für die meisten Frauen. Sie können ihrem Mann 100-mal gesagt haben, dass sie seine Art, Ihre Brust zu quetschen, vollkommen abtörnt, er tut es wieder und wieder. Lassen Sie sich, wenn Sie keine Lust auf Ihren Partner haben, nichts einreden: Frauen lieben Sex! Wenn er gut ist, gibt es nichts, keine Bügelwäsche, keine Migräne, die sie davon abhalten könnten, ihn zu wollen.

Die Macht im Bett hat aber der, der auch sonst in der Gesellschaft das Sagen hat. Auch wenn viele Frauen es heute schaffen, ihrem Partner zu sagen, was ihnen im Bett gefällt, ist nur ein verschwindend geringer Anteil der Männer in der Lage, die Wünsche ihrer Partnerin auch umzusetzen. Dabei ist ein Mann durchaus lernfähig, wenn er sich nur genügend für eine Sache interessiert. Seine neue Digitalkamera bedient er schon nach wenigen Minuten mit liebevoller Vertrautheit. Er opfert unter Umständen Tage, um ein neues Computerprogramm zum Laufen zu bringen. Warum bringen Männer diesen Einsatz nicht im Bett? Anscheinend lohnt es sich nicht. Und das stimmt: Sie kommen auch so auf ihre Kosten! Ihr Ziel ist ihr Orgasmus und den haben sie. Ob ihre Partnerin von ihrem sexuellen Verhalten unbefriedigt oder genervt ist, bedrückt sie nicht weiter. Was für einen Mann zählt, ist erstens die eigene Befriedigung und zweitens, dass seine Partnerin bei ihm bleibt und weiterhin für seine Befriedigung sorgt. Das sind die Fakten, die ihm zeigen, dass alles in Ordnung ist. Wenn der Sex für seine Frau so unbefriedigend wäre, würde sie doch gehen – oder etwa nicht?

Nein, Frauen gehen nicht, wenn der Sex schlecht ist. Sie bleiben, sie machen mit und tun so, als ob es ihnen gefällt. Sie tun es, um ihren Mann zu halten, und aus falscher Scham, ansonsten als frigide zu gelten. Und wieder ist es das „Schlaraffenland Liebe", das die sexuellen Erwartungen der Frau steigert, um sie dann zugunsten des Mannes auszubeuten. So wird ihr heute zwar eine eigene Sexualität zugestanden und Befriedigung versprochen, die notwendigen Voraussetzungen aber werden ihr verwehrt. Angeblich weiß ja der „Richtige" instinktiv mit dem Körper einer Frau umzugehen. Er bietet ihr fantastischen Sex, ohne dass sie ihm dazu auch nur irgendetwas beibringen müsste.

Die Realität sieht anders aus: Kein Mann weiß instinktiv, wie man eine Frau befriedigt. Er hat außerdem wenig Interesse daran, es zu lernen. Die meisten Frauen träumen vom Sex mit anderen Männern und es fällt ihnen schwer, treu zu bleiben. Die Scham, als schlechte Geliebte zu gelten, ist heute größer als früher, als für die Frau noch die Duldungsstarre als Beitrag zum sexuellen Geschehen genügt hat. Geilheit wird heute der Frau nicht nur zugesprochen, sie wird ihr abverlangt. Und sollte sie keine Lust auf Sex haben, schaffen es Männer mit einem kleinen unlogischen Trick, die Schuld wieder den Frauen zuzuspielen: Dann stimmt eben das moderne Gerede von der Gleichheit der Geschlechter nicht, dann sind Frauen einfach „so". Diese Aussage ist für Männer und Frauen gleichermaßen bequem: Männer brauchen sich nicht umzustellen und Frauen können Konflikten aus dem Weg gehen. Dummerweise verhalten sich Frauen auch noch so, dass man vermuten könnte, Sex sei ihnen wirklich gleichgültig: Sie geben entnervt oder aus Mitleid auf, ihren Liebhaber zu schulen. Dabei ist das erotische Potenzial der Frauen immens: Filmindustrie und Buchhandel leben von den weiblichen Träumen vom ersten Mal, bei dem wenigstens noch Aufregung und der Reiz des Neuen erregen. Sie suchen diese Erregung vor allem in ihren langjährigen Beziehungen vergeblich oder erleben sie allenfalls mit einem Mann, der sich ihnen immer wieder entzieht und wenigstens dadurch für Spannung sorgt...

Lassen Sie uns also einen Blick auf Ihre eigene Sinnlichkeit werfen und ein paar Dinge unternehmen, die Ihnen eine befriedigende Sexualität verschaffen können: Was empfinden *Sie* als erotisch? Wann spüren *Sie* es prickeln? Wie sieht die Situation aus und wie verhält sich Ihr potenzieller Liebhaber? Was muss er sagen oder tun, damit er Sie anmacht? Lassen Sie sich von Filmen und erotischer Literatur inspirieren. Vielleicht gefallen Ihnen auch Aktfotos. Was finden Sie furchtbar oder gar lustig, was reizt Sie? Ihr Körper wird eindeutig reagieren, wenn Sie sich sexuell angesprochen fühlen. *Alles* andere ist nichts für Sie! Das gilt auch für den Sex mit Ihrem Partner: Wenn Ihr Körper nicht oder sogar negativ reagiert, ist das, was gerade geschieht, nicht gut für Sie! So einfach ist Sex! Ihr Körper lässt sich nicht mit einem „Ich liebe ihn doch!" oder „Du musst dich mehr entspannen!" abspeisen. Er weiß, was er will, und früher oder später wird er sich mit seinen Wünschen durchsetzen!

Guter Sex geht nicht ohne eine positive autoerotische Einstellung. Wenn Sie sich selbst in sexueller Hinsicht unattraktiv finden, werden Sie nicht sonderlich viel Spaß am Sex haben. Was macht Sie für sich selbst anziehend? Ist es Ihr Haar, sind es Ihre Füße, Ihre langen Beine, Ihr fester Po, Ihr langer Hals, Ihre weißen Zähne? Was finden Sie an sich selbst besonders appetitlich und sexy? Wenn Sie das herausgefunden haben, kultivieren Sie es! Machen Sie es wie alle attraktiven Menschen – stellen Sie Ihre Vorzüge heraus! Lackieren Sie Ihre Fußnägel und tragen Sie offene Sandalen, betonen Sie Ihren Po mit einer engen Jeans, tragen Sie hohe Schuhe, damit Ihre Beine noch länger wirken, und bürsten Sie Ihr Haar auf Hochglanz. Genießen Sie Ihre eigene Attraktivität. Glauben Sie nicht, dass man perfekt sein muss, um sexy zu wirken. Im Grunde reicht *eine* besonders schöne Sache an Ihnen schon aus. Und irgendetwas Schönes hat jeder Mensch an sich.

Feiern und genießen Sie Ihre eigene Sinnlichkeit! Was verschafft Ihnen wohlige Gefühle? Lassen Sie sich massieren – wenn Sie es sich leisten können, von einem Profi. Gönnen Sie sich eine Kopf-, Rücken- oder Vollmassage. Baden Sie in duftenden Essenzen und cremen Sie sich mit Genuss ein! Finden Sie heraus, welche Gerüche auf Sie sexy wirken. Ist es das Aroma von Holz, Zitrone oder anderen Früchten? Sind es Gewürze wie Vanille, Zimt oder ist es Schokolade?

Wenn Sie dann wissen, was Ihnen Spaß macht, ist es an der Zeit, zu Ihren Wünschen zu stehen. Dazu gehört auch, unter Umständen keinen Sex zu wollen. Sie sind nicht dazu da, dass sich ein anderer Mensch an Ihnen „abreagiert"! Abgesehen von den körperlichen Qualen fügen Sie Ihrer Psyche und Ihrer Beziehung (!) erheblichen Schaden zu. Wenn Sie sich eine derart frustrierende Erfahrung wie schlechten Sex zumuten, verletzen Sie Ihr Ego und handeln gegen solche grundlegenden Bedürfnisse wie die Unversehrtheit Ihres Körpers. Im Ernst, würden Sie das von einem anderen Menschen verlangen? Sie geben Ihrem Partner ein falsches Bild von Ihren Bedürfnissen, wenn Sie so tun, als ob es Ihnen Spaß machen würde, um ihn nicht zu verlieren. Auf Dauer beschädigen Sie nicht nur Ihr eigenes Verhältnis zu sich selbst, sondern auch die Liebe zu Ihrem Mann. Dann nämlich, wenn der Sex mit ihm Sie zu nerven beginnt, sie wegrennen wollen, wenn er Sie berührt oder Sie ihn womöglich sogar ekelhaft finden. Wenn Ihr Körper im Laufe der Jahre immer und immer wieder erfahren hat, dass Ihr Partner mit ihm Sachen macht, die ihn kalt lassen oder die ihm nicht gefallen, dann hat er gelernt: Sobald dieser Mann mich berührt, wird es unangenehm!

Eine selbstbewusste Frau schläft dann mit einem Mann, wenn sie Sex möchte. Wenn sie eigentlich Zärtlichkeit will, dann lässt sie sich streicheln, ohne im Gegenzug auf seine sexuellen Wünsche einzugehen. Werden Sie egoistisch und kümmern Sie sich um Ihre Bedürfnisse! Ihr Partner tut es auch! Das wird aufreibend und anstrengend, aber weniger qualvoll als schlechter Sex.

Stehen Sie zu Ihren Wünschen und dulden Sie keine Grobheiten. Es ist Ihr eigener, heiliger Körper, den sollten Sie sich gut behandeln lassen! Zeigen Sie ihm, dass es Ihnen ernst ist. Sagen Sie nicht nur „nein", wenn er Ihre Brust genau auf die Weise berührt, die Ihnen nicht gefällt – nehmen Sie auch seine Hand weg! Wenn Sie wollen, können Sie ihm zeigen, wie es Ihnen besser gefällt. Macht er es wieder falsch, nehmen Sie wieder seine Hand weg! Ab jetzt entscheiden Sie, was mit Ihrem Körper passiert! Lernen Sie von Ihrem Partner und zeigen Sie ihm genauso deutlich wie er Ihnen, was Sie wollen.

Auch wenn es ein völlig neues Verhalten ist, das gegen Ihr Harmonie-bedürfnis und Ihre Verlustangst geht: Es wird Zeit, dass Sie Ihren Einfluss aufs Geschehen erkennen und nutzen. *Sie* entscheiden, welchen Sex Sie haben.

Und so könnte Ihre Mini-Veränderung für mehr Selbstliebe und Lebensglück aussehen:

☑ Meine Haare werden mein erotisches Signal. Ich bringe sie mit
   Extrapflege zum Glänzen und trage sie offen...

☑ Ich kaufe mir erotische Literatur...

☑ Ich bestehe darauf, dass mein Liebhaber meinen Po streichelt...

☑ und sage ihm endlich, dass ich Oralsex hasse...

Sie haben jetzt bereits gelernt, Ihre Grundbedürfnisse zu befriedigen. Sie
achten darauf, genügend zu schlafen, Sie ernähren sich gut und beginnen
Ihre Sexualität zu gestalten. Wahrscheinlich geht es Ihnen schon ein bisschen besser – auch weil Sie aus der Rolle des Opfers herausgekommen sind
und selbst die Dinge in die Hand nehmen. Sie haben gelernt, sich selbst zu
lieben und in Ehren zu halten. In diesem Sinne wollen wir jetzt auf den
Stufen der Bedürfnispyramide weiter nach oben steigen und sehen, was Sie
noch für sich und Ihr Lebensglück tun können.

Endlich Ruhe...

...zu Hause...

Männer sind – Frauen arbeiten, das ist überspitzt formuliert, was sich in vielen Firmen und Haushalten abspielt. Frauen bewegen sich mehr als Männer – und das nicht etwa, um Sport zu machen, sondern um Dinge im Haushalt zu erledigen. Würde man Mann und Frau einen Schrittzähler umschnallen, ließe sich das leicht feststellen. Einem Mann reicht es, präsent zu sein. Er muss seine Leistungsfähigkeit nicht dauernd beweisen und hat einen klaren Instinkt, was sein Ruhebedürfnis anbelangt. Er nimmt sich an Erholung, was ihm seiner Meinung nach zusteht, auch wenn im Haushalt noch nicht alles erledigt ist. Er pflegt die Kunst zweckfreien Seins, indem er stundenlang vor Computer oder Fernseher abhängt, während seine Partnerin immer noch um ihn herumwuselt. Den unerschütterlichen Glauben an die eigene Großartigkeit, die er nicht ständig durch Leistung beweisen muss, diesen Glauben hat ihm niemand anders als seine Mutter (!) mitgegeben. Und heute sind Sie es, die ihn darin bestärkt, indem Sie ihm lästige Pflichten im Haushalt abnehmen. Oftmals scheitern Ihre Bemühungen, die Hausarbeit gerechter aufzuteilen, daran, dass Sie selbst automatisch Hausarbeit als Ihr Ressort betrachten.

Die Bereitschaft, sich für den Haushalt und das Essen verantwortlich zu fühlen, ist sogar bei einer voll berufstätigen Frau so stark ausgeprägt, dass sie auch sofort bereit ist, ihrem Mann in Stresszeiten zu Hause den

Rücken freizuhalten. Haben Sie schon erlebt, dass ein Mann den Haushalt alleine schmeißt, weil seine Frau Stress im Job hat? Auch ist ein Leben als Hausfrau und Mutter im Vergleich zur reinen Berufstätigkeit keinesfalls die bequemere Alternative. Persönliches Verantwortungsgefühl zwingt eine Mutter auch dann noch weiterzumachen, wenn sie eigentlich gar nicht mehr kann. Undenkbar für sie, eine Grippe im Bett auszukurieren: Sie ist diejenige, die einkaufen geht, kocht, wäscht und die Wohnung putzt. Selbstverständlich ist es sie, die abends ihre Kleinen hütet, während sich ihr Mann beim Sport entspannt.

Ausspannen, zur Ruhe kommen, dem Bedürfnis nach körperlicher und geistiger Erholung nachgeben – das haben viele Frauen nicht gelernt. Das betrifft vor allem Frauen mit Partner und/oder Kindern. Einfach mal nichts tun oder nur etwas für sich ist für sie seltsam ungewohnt. Zu sehr sind sie damit beschäftigt, sich zuallererst um das Wohl ihrer Lieben zu kümmern. Denn auch dann, wenn sie mit ihrer Familie zusammen etwas unternehmen, sind auch sie wieder verantwortlich dafür, dass alle versorgt sind.

Eigentlich aber ist Hausarbeit die Arbeit aller. Und hier ist auch der Punkt, den Sie ändern können und den Sie alleine auch ändern müssen! *Sie* wollen weniger Stress, also müssen *Sie* dafür sorgen, dass die anderen mehr tun. Gehen Sie nicht den Weg, den Frauen generell so gerne gehen: Sie jammern, um am Ende doch alles selber zu machen. Es sei denn, Sie wollen, dass Ihre Familie Ihre Klagen nur noch als unbedeutendes Nebengeräusch wahrnimmt und ansonsten die Arbeit Ihnen überlässt. Es kann auch nicht Ihr Erziehungsziel sein, dass Ihre Kinder später nicht in der Lage sind, angemessen für sich selbst zu sorgen! Oder gehören Sie etwa zu den Frauen, die ihren Männern mangelnde Kooperation im Haushalt vorwerfen, und ausgerechnet ihre eigenen Söhne von vorne bis hinten bedienen? Seien Sie also vor allem konsequent gegen sich selbst! Wenn

Ihr Sohn das Bad putzen soll, ist er dafür verantwortlich – nicht Sie! Sie haben doch eine Menge Druckmittel in der Hand! Ihre Tochter weigert sich, die Spülmaschine auszuräumen? Sie besorgen beim Einkaufen ihren Lieblingsjoghurt nicht! Ihr Sohn will das Bad nicht putzen? Sie waschen seine Lieblingsjeans so lange nicht, bis er seine Aufgabe erledigt hat. Ihr Mann tischt Fertiggerichte auf, statt ordentlich zu kochen? Sie legen seine Hemden ungebügelt in den Schrank…

Verabschieden Sie sich von Perfektionismus und Konkurrenzdenken. Setzen Sie zusammen mit Ihrer Familie Ihre eigenen Standards. Ihr Zuhause bleibt nur dann wirklich aufgeräumt, wenn Sie und Ihre Familie ausziehen… Wenn es um Ihre Entspannung und die psychische Gesundheit Ihrer Familie geht, sind Aktionen wie das Bügeln von Unterhosen, Socken und Handtüchern und das tägliche Wienern des Waschbeckens Luxus. Ebenso unnötig ist es, mit anderen Müttern um die schönsten Weihnachtsplätzchen oder die ausgefallenste Geburtstagsfeier zu wetteifern.

Und so könnte Ihre Mini-Veränderung für mehr Selbstliebe und Glück aussehen:

☑   Meine Kinder sind ab heute für den Abwasch zuständig…

☑   Der nächste Kindergeburtstag wird von allen
     Familienmitgliedern organisiert und durchgeführt…

☑   Mein Freund und ich wechseln uns mit dem Kochen ab…

☑   Mein Mann bügelt ab nächster Woche seine Hemden selbst…

...und im Beruf...

Für einen Mann sind Ausbildung und Arbeitsleben – soweit es der Arbeitsmarkt zulässt – so sicher wie das Amen in der Kirche. Er *muss* finanziell auf eigenen Füßen stehen, weil er im Gegensatz zur Frau nicht die Option hat, geheiratet und versorgt zu werden. Einer Frau bleibt – je nach Verdienst des Ehemanns – die Möglichkeit, zwischen Hausfrauendasein und Arbeitsleben zu wählen. Wenn sie sich dann für eine Berufstätigkeit entscheidet, tut sie es mit ganzer Motivation. Im Gegensatz zur Hausarbeit bringt ihr die Arbeit in einem qualifizierten Beruf nämlich neben dem Verdienst Freiheit, Bestätigung und Selbstverwirklichung. Weil die Berufstätigkeit für sie so positiv besetzt ist, läuft sie aber auch Gefahr, sich selbst auszubeuten. Manch eine Frau legt bei der Arbeit ein Tempo vor, das sie auf Dauer nicht durchhalten kann – und im Übrigen ihrer Karriere auch gar nicht förderlich ist. Leute, die es „geschafft" haben, erkennen Sie an ihrer lässigen, entspannten Haltung. Im Grunde arbeiten sie gar nicht mehr, sondern treffen Entscheidungen. Sie strampeln sich nicht mehr ab. Sie müssen nichts mehr beweisen. Sie sind „angekommen". Ihr Schritt ist gemessen, ihr Tonfall ruhig, sie nehmen sich Zeit, weil sie selbst über ihre Zeit verfügen.

Wenn Sie also stressfreier arbeiten und nebenbei auch noch beruflich vorankommen wollen, schalten Sie einen Gang runter. Organisieren Sie sich!

Optimieren und straffen sie Ihre Arbeitsabläufe, wo immer es nur geht! Tun Sie, was Ihr Vorgesetzter von Ihnen will und was Sie voranbringt. Zeigen Sie Entscheidungsfreude und Verantwortungsbewusstsein für das Ganze. Stellen Sie sich nicht als Arbeitstier zur Verfügung, Arbeitstiere kommen nicht voran! Präsentieren Sie sich lieber als kompetente Mitarbeiterin, die die Dinge im Griff hat.

Lernen Sie Entscheidungen zu treffen. Fragen Sie sich immer wieder: Welche Aufgabe bringt mich voran? Was ist jetzt meine Priorität? Sie werden sich den ganzen Tag lang immer wieder entscheiden müssen: Mache ich das *oder* das? Aber wenn Sie lernen, sich zu entscheiden, haben Sie einen klaren Kopf und können entspannt und effizient arbeiten.

Und so könnte Ihre Mini-Veränderung für mehr Selbstliebe und Glück aussehen:

☑ Ich schmeiße jeden Tag drei Aufgaben von meiner To-do-Liste...

☑ Ich widme mich vorrangig den Aufgaben, die mich voranbringen...

☑ Ich verströme heute Gelassenheit und Kompetenz, statt atemlos durchs Büro zu hetzen...

☑ und reagiere flexibel auf Unvorhergesehenes...

…ganz entspannt!

Weder Ihre Kollegen noch Ihr Mann oder Ihre Kinder werden Sie freiwillig entlasten. Entlasten können nur Sie sich selbst, indem Sie die richtigen Entscheidungen treffen, Aufgaben delegieren und sich Raum und Zeit für Ihre Entspannung nehmen. Wenn Sie sich dann erholen, sollte es so intensiv wie nur möglich sein. Ohne Fernseher und Computer eröffnen sich andere, sehr viel wirkungsvollere Möglichkeiten, Freizeit zu genießen.

Fangen wir gleich mit einem richtigen Zaubermittel gegen Stress an: körperliche Berührungen. Sie geben Ihnen wie nichts anderes ein Gefühl von Umsorgtwerden und Beschütztsein. Sogar tagsüber im größten Stress hilft es, sich selbst kurz über eine Schulter zu streichen. Verwöhnen Sie sich mit ausgiebiger Körperpflege wie Haarkur, Gesichtsmaske, Pediküre und Maniküre. Die pflegende Beschäftigung mit dem eigenen Körper wird Sie in einen Zustand satter Zufriedenheit versetzen: Öle und Lotions entspannen Ihre Haut, Sie haben das Gefühl, ganz sauber zu duften, appetitlich frisch und rosig entspannt wie ein gebadetes Baby. „Leckere" Düfte wie Vanille, Zimt und Karamell erzeugen ebenfalls eine entspannende Wirkung – genauso wie der Geruch sauberer Wäsche oder der Ihres eigenen Körpers. Wenn Sie tagsüber ab und an mal an der Haut Ihres Armes riechen, werden Sie sich gleich wohler fühlen.

Schönes zu betrachten bringt uns wieder in Einklang mit der Welt. Sei es ein schöner Bildband, ein Blumenstrauß, ein Geschäft mit besonders schönen Dingen, ein gelungenes Foto oder eine schöne Postkarte – was das Auge erfreut, macht das Herz weit. Aber auch alles, was wärmt, verwöhnt und tut gut. Das kann ein heißes Bad oder ein Saunabesuch sein, eine heiße Suppe, ein warmer Pudding oder Grießbrei, Kakao oder Tee – dazu noch warme Socken an die Füße und eine Decke zum Drunterkuscheln! Sanfte Musik oder Hörbücher entspannen ebenfalls ungemein, aber auch die leichte Geräuschkulisse eines leise gedrehten Radios. Es gibt außerdem kaum etwas Gemütlicheres als „nutzlose" oder „verbotene" Dinge zu tun: Einen fetten Schmöker lesen oder ein Klatschblatt, eine anspruchslose Fernsehsendung anschauen mit dem angenehm gruseligen Gefühl schlechter Unterhaltung, dazu noch eine Tüte Chips oder Schokoladentrüffel – es ist auch mal schön, sich gehen zu lassen!

Sport ist unumstritten eines der besten Entspannungsmittel und ein hervorragender Energielieferant. Körperliche Anstrengung baut das Stresshormon Adrenalin im Körper ab und auf muskuläre Anspannung folgt das Gefühl tiefer Entspannung. Sport hellt die Stimmung auf! Bei schlechter Laune hilft: Rauf auf den Hometrainer und kräftig in die Pedale getreten. Nach einer halben Stunde steigen Sie fröhlich wieder ab! Wenn Körper und Haut durch die kräftige Bewegung gut durchblutet sind, die Muskulatur auf Hochtouren arbeitet, dann melden tausende von Nervenenden ans Gehirn: Hier ist alles in Ordnung, umschalten auf Glücksgefühle! Es gibt vom Jonglieren über Beachvolleyball bis Trampolinspringen – ja sogar Boxen für Frauen! – an Sportarten alles, was das Herz begehrt. Machen Sie lieber was für sich, alleine in der Natur mit viel Zeit zum Nachdenken, oder toben Sie sich am liebsten in einer Gruppe aus? Sind Sie beweglich und tänzerisch veranlagt oder jemand, der lieber seine Kraft spürt? Je näher Ihre Sportart Ihrer Persönlichkeit ist, umso größer die Wahrscheinlichkeit, dass Sie dranbleiben. Nach ein paar Wochen heimsen Sie dann den Neid und die Bewunderung der vielen anderen ein, die sich nicht aufraffen können und die sich fragen, woher Sie nur Ihre unglaubliche Energie nehmen!

Und so könnte Ihre Mini-Veränderung für mehr Glück und Selbstliebe aussehen:

☑ Ich erkundige mich im Internet nach Sportarten, die in meiner Nähe angeboten werden...

☑ Einmal in der Woche gönne ich mir ein Klatschblatt oder eine seichte Fernsehsendung...

☑ und einmal im Monat eine Massage...

☑ statt fernzusehen schaue ich mir heute Abend einen Fotoband an...

☑ Einmal im Monat gehe ich zur Vollmassage...

Wenn Sie dann endlich zur Ruhe gekommen sind, steht Ihnen möglicherweise der Sinn danach, wieder die Gesellschaft anderer zu genießen. Wie Sie Ihre sozialen Bedürfnisse optimal befriedigen können, darum geht es jetzt.

Das Ende der Einsamkeit

Silvie freut sich schon aufs Wochenende, wenn sie endlich rauskommt und mit Martin etwas Schönes unternimmt. Sie malt sich schon aus, wie sie zusammen ins Theater oder essen gehen. Als Martin dann anruft und absagt, weil sich seine Mutter überraschend angekündigt hat, ist sie wütend und enttäuscht: Jetzt wird sie wieder zwei Abende alleine zu Hause hocken.

Es ist wichtig, geeignete Möglichkeiten zur Befriedigung unserer Bedürfnisse zu finden. Wer Durst hat, wird sich deshalb einen Brunnen suchen. Genau das Gegenteil aber tun Frauen im übertragenen Sinn, wenn sie sich auf einen Mann konzentrieren, der keine Zeit für sie hat oder ihre Vorlieben nicht teilt. Und obwohl sie durstig bleiben, lernen sie nicht dazu. Sie suchen lieber in der Wüste nach Wasser. Das „Schlaraffenland Liebe" verbietet ihnen nämlich, sich ihre Befriedigung woanders zu suchen. Also unternehmen sie nichts alleine, geschweige denn mit anderen. Sie gehen weder mit einem Bekannten ins Theater noch schließen sie sich zum Wandern einer Gruppe an. Wenn ich einer Freundin, die sich beschwert, ihr Mann unternehme nichts mit ihr, vorschlage, im Zweifelsfall mit jemand anderem einen Ausflug zu machen, wehrt sie entsetzt ab: Dazu sei doch ihr Partner da!

Wer seine sozialen Bedürfnisse einzig und allein mit dem Partner auslebt, kann in einer Beziehung große Einsamkeit erleben!

In unserer Gesellschaft ist der Mann der wichtigste soziale Gefährte der Frau. Paare verbringen mehr Zeit miteinander als je zuvor. Vor allem die Wochenenden sind gemeinsamen Aktivitäten reserviert: Da geht es samstags zu zweit in die Stadt, abends zu Freunden, sonntags Hand in Hand zum Brunch und anschließend an den Badesee.

Dieses Ideal trauter Zweisamkeit aufzugeben fällt schwer. Eine Frau käme sich, wenn sie alleine etwas unternähme, wie amputiert vor. Was für ein Armutszeugnis für ihre Beziehung! Wie sollen sie und ihr Mann Leidenschaft und Innigkeit verströmen, wenn sie zähneknirschend alleine mit dem Fahrrad unterwegs ist, weil er sich für ein Kanuwochenende entschieden hat? Was, wenn sie ausgerechnet dann nicht verfügbar ist, wenn ihr Partner wieder Zeit hat? Hätte sie dann nicht Mitschuld an der fehlenden Zweisamkeit und würde er ihr Verhalten nicht sogar als Freibrief verstehen, noch mehr alleine zu unternehmen? Lieber wartet sie entsagungsvoll auf seine Rückkehr. Ein großer Fehler, denn jetzt weiß er: Ich kann kommen und gehen, wann ich will, meine Partnerin sorgt schon dafür, dass unsere Gemeinsamkeit nicht verloren geht. Einem Mann, dessen Frau immer „parat" ist, fehlt der Anreiz, sich für gemeinsame Aktivitäten zu engagieren. Er verbringt folglich nicht mehr, sondern noch weniger Zeit mit ihr. Wenn sie beginnt, andere Menschen zu treffen, um sich zu unterhalten und etwas Schönes zu erleben, ist das in sozialer Hinsicht befriedigender, als ab und zu dem eigenen Mann zufällig in der gemeinsamen Wohnung zu begegnen. Sie hat nichts zu verlieren als ihre Einsamkeit.

Und auch Sie können nur gewinnen: Freundschaften, Lebensfreude und Selbstständigkeit. Egal, ob Sie sich einer Wandergruppe, einem Lauftreff oder einem Nähkurs anschließen – Hauptsache, Sie sind unter Menschen. Die meisten Männer reagieren irritiert oder eifersüchtig, wenn ihre Partnerin derart aktiv wird. Oft beteuern sie, sie würden sich von jetzt ab mehr Zeit für sie nehmen. Da es Ihr Ziel ist, Ihr Leben zu ändern – nicht Ihren Partner –, ersparen Sie sich und ihm Vorwürfe und Rechtfertigungen. Sie brauchen keine Diskussionen, ob er sich anders verhalten oder Sie sich weniger einsam fühlen sollten. Geredet haben Sie genug – und ohne Erfolg! Jetzt tun sie es ihm gleich. Wenn Sie also ohne ihn ausgehen, tun Sie es mit großer Selbstverständlichkeit. Sie haben Lust darauf, Sie glauben, dass es Ihnen gut tut, Sie wollen es. Sie haben dieselben Rechte wie er und denselben Anspruch auf Amüsement und Freiheit. Je konsequenter Sie handeln, umso schneller werden Sie sich Ihren Freiraum erobert haben und Ihr Partner wird nicht nur Respekt vor Ihnen bekommen, sondern auch wieder Interesse daran, mit Ihnen zusammen zu sein.

Vielleicht wollen Sie aber auch das Alleinsein genießen lernen? Aus freien Stücken und mit Freude alleine sein, nur den eigenen Wünschen verpflichtet, ist eine wunderbare Erfahrung! Haben Sie Lust auf einen Abend, an dem Sie eine „Verabredung" mit sich selbst zelebrieren? Schon die Vorbereitungen dazu können Sie in eine positive Stimmung versetzen. Freuen Sie sich auf leckeres Essen, mit dessen Zubereitung Sie nicht viel Aufwand haben, wie diverse Antipasti oder verschiedene Käsesorten mit frischem Brot. Vergessen Sie nicht Ihre Lieblingsschokolade zum Nachtisch. Vielleicht möchten Sie sich eine Zeitschrift kaufen, um sie genüsslich durchzublättern, oder ein paar einzelne Blüten, um sie in einem schlichten Wasserglas zu arrangieren. Dieser Abend soll Ihre Sinne erfreuen! Der Anblick schöner Blumen, der Geschmack guten Essens, das Gefühl, Zeit zu haben – Sie werden durchatmen, sich zurücklehnen, Ihre Gedanken zur Ruhe kommen lassen. Sie brauchen kein Programm, Sie machen, was Ihnen in den Sinn kommt: regungslos vor sich hinstarren, Fußnägel lackieren, in der Nase bohren, in alten Urlaubsfotos stöbern, in Ihrer Wohnung rumpusseln, neue Frisuren ausprobieren, vor sich hinträumen. Sie werden Ihren eigenen Rhythmus finden, alles mit großer Ruhe machen und sich entspannen. Sie werden erstaunt sein, wie schnell die Zeit vergeht und dass sie keinerlei Langeweile oder Einsamkeit verspüren – nur Frieden und den Genuss, zu sich selbst zu kommen. Sie können ganz und gar Sie selbst sein, sich gehen lassen und müssen auf niemanden anderen reagieren.

Wenn Menschen aufeinandertreffen, bringt jeder seine eigene Stimmung, seine persönlichen Ansichten und Wünsche mit. Automatisch findet eine gegenseitige Einstimmung unter den Personen statt. Zu den eigenen Stimmungen, Ansichten und Wünschen treten nun die des anderen. Je näher Ihnen jemand ist, umso mehr werden Sie sich bemühen, auf eine gemeinsame Ebene zu kommen. Viele Frauen haben in dieser Situation allerdings keinen wirklich eigenen Standpunkt, den sie den Wünschen anderer entgegensetzen könnten. Sie reagieren so stark auf die unterschiedlichen Stimmungen in ihrer Umgebung, dass sie sich im Kontakt mit anderen verbrauchen. Und doch können sie nicht anders: Sie scheuen das Alleinsein. Sie brauchen den Spiegel, den ihnen die anderen vorhalten, um sich selbst wahrzunehmen. Sie haben panische Angst vor Einsamkeit.

Eine Frau, die das Alleinsein sucht, ist selten. In das Befremden, das sie bei den Menschen in ihrer Umgebung auslöst, mischen sich Mitleid und Ablehnung. Allein sein zu können bringt aber unbestreitbar Vorteile mit sich: die Möglichkeit, sich ganz auf sich selbst zu konzentrieren und nach der eigenen Façon zu leben, im Einklang mit den eigenen Wünschen und Stimmungen. Frauen, die glaubten, ohne ihren Mann nicht mehr leben zu können, staunen, wenn sie nach einer Trennung sogar an Lebensqualität gewinnen. Sie können morgens in aller Ruhe mit frischen Brötchen an einem schön gedeckten Tisch frühstücken und ihren Einkaufsbummel ohne entnervendes Drängeln von seiten ihres Mannes genießen. Ihre Urlaubsreisen verlaufen ohne die kauzigen Verhaltensweisen des Partners sogar friedvoll und erholsam. Sie heulen ungestört im Kino bei Liebesfilmen, sie kochen, was ihnen schmeckt. Sie genießen ihre Freiheit und ihr neues Selbstbewusstsein. Sie bekommen einen eigenen Standpunkt.

Völlig zu Unrecht ist das Alleinsein als Dasein zweiter Klasse verpönt, als bemitleidenswerter Zustand zwischen zwei Beziehungen – so schrecklich, dass ihm jeder beliebige Partner vorzuziehen wäre. Aber nicht immer ist Gemeinschaft ein Gewinn. Nicht immer ist geteilte Freude doppelte Freude und geteiltes Leid halbes Leid. Hat Ihr Freund Ihnen nicht auch schon gezielt die gute Laune verdorben? Ist er Ihnen in schwierigen Situationen nicht manchmal auch noch in den Rücken gefallen? Beziehungen kosten Zeit und Energie und lenken von den eigenen Zielen ab. Das Alleinsein dagegen ist eine Quelle der Kraft: Außergewöhnliche Kreativität entwickelt sich in den Menschen, die alleine leben und sich ganz ihren Zielen verschreiben (oder die einen Partner haben, der sie in jeder Hinsicht unterstützt!). Sie würden sich in Phasen künstlerischen Schaffens niemals einsam fühlen, sondern immer eins mit sich und der Welt.

Wenn Sie gelernt haben, alleine zu sein, genießen Sie den Vorteil innerer Unabhängigkeit. Sie müssen Ihr Fähnchen nicht nach dem Wind hängen, aus Angst, aus dem sozialen Netz zu fallen. Sie können es sich leisten, Ihren Standpunkt zu vertreten und nach Ihren eigenen Werten zu handeln. Sie müssen nicht mit der Meute heulen und haben den Luxus, zu tun, was Ihnen gefällt. Nur wenige Menschen, die gelernt haben, alleine zu sein, möchten auf die Möglichkeit, nach ihrer Façon zu leben, verzichten – auch nicht auf das Gefühl innerer Ruhe und Kraft, das sich einstellt, wenn man gelernt hat, für sich selbst zu sorgen, und nicht mehr von einem Partner abhängig ist.

Man kann alleine und glücklich sein – wenn man das eigene Leben aktiv gestaltet, sich selbst immer wieder neue Impulse gibt und die eigene Person zu einer für sich selbst interessanten Gesellschaft entwickelt! Warum also nicht alleine den eigenen Neigungen nachgehen und genau die Sachen machen, die Ihnen Ihr Partner immer vermiest hat: Joggen, ins Freibad gehen, einen Sprachkurs machen, in den Gottesdienst gehen, stundenlang lesen, nähen. Egal, ob Sie Gesangs- oder Tanzunterricht nehmen, ein Instrument lernen, Ihren Horizont erweitern, Papiere und Finanzen in Ordnung bringen, einen Spaziergang machen, Tagebuch schreiben, sich auf Ihre eigenen Ziele besinnen, meditieren, Blumen pflanzen, die Wohnung dekorieren, sich neue Rezepte ausdenken, Gedichte schreiben, die eigene Persönlichkeit erforschen – tun Sie, was Ihnen gefällt und tun Sie es alleine.

Das größte Aha-Erlebnis haben Sie, wenn Sie dann Ihr Verhalten Ihrem Mann gegenüber grundlegend geändert haben und nicht nur aufhören, um Nähe zu betteln, sondern selbst beginnen, Distanz herzustellen. Plötzlich wendet sich das Blatt und Sie bekommen genau die Aufmerksamkeit von Ihrem Partner, um die Sie jahrelang vergeblich gekämpft haben. Sie werden wieder interessant, weil Sie sich jetzt rar machen. Sie hören auf, von ihm etwas zu wollen, und geben ihm Raum, seine Wünsche an Sie zu entdecken. Er verliert seine Position als Ihr konkurrenzloser „Glücksbringer" und sieht, dass es auch noch anderes und andere in Ihrem Leben gibt. Sie sind nicht mehr jederzeit verfügbar und auch nicht mehr so gut zu kontrollieren. Natürlich wird er so schnell wie möglich versuchen, den alten Zustand wieder herzustellen, als er noch unangefochtener Mittelpunkt Ihres Lebens war...

Es wird jede Frau Überwindung kosten, selbst Distanz zu schaffen und zu halten, weil sie im ersten Moment das Gefühl hat, gegen die eigenen Interessen zu handeln. Schließlich ist ihr Ziel ja Nähe und Innigkeit. Doch wenn sie weiterhin Gemeinsamkeit fordert, sich fortwährend anbietet und ihrem Mann vorhält, wie sehr seine Abwesenheit sie verletzt, erreicht sie nur das Gegenteil: Sie wird als uninteressant, ja eventuell sogar als lästig empfunden, als jemand, der einem das eigene Vergnügen nicht gönnt und das Leben mit seinen Vorwürfen verdirbt. Da ist es doch normal, wenn man seine Zeit lieber woanders verbringen möchte…

Für Ihr Selbstwertgefühl als Frau ist es von entscheidender Bedeutung, dass Sie Distanz nicht mehr erleiden, sondern selbst herbeiführen. Sie erfahren dadurch nicht nur in den Augen Ihres Partners eine Aufwertung, sondern auch in Ihren eigenen. Sie verlassen die Rolle des Opfers und beginnen das eigene Glück in die Hand zu nehmen. Sie gewinnen in jeder Hinsicht hinzu. Sie lernen sich selbst zu beschäftigen, Sie merken, dass das Leben auch ohne einen Mann an Ihrer Seite interessant ist. Sie hören auf, das Alleinsein zu „erleiden", beginnen sich eine schöne Zeit zu machen, und ergreifen die Chance, innere Stärke zu entwickeln.

Und so könnte eine Ihrer Mini-Veränderungen für mehr Glück und Selbstliebe aussehen:

☑   Gleich heute mache ich mir einen schönen Abend alleine…

☑   Ich verabrede mich für nächste Woche mit…

☑   Ich melde mich endlich zu dem Tai-chi, Yoga-, Meditationskurs an, zu dem mein Freund nie mit will…

☑   und schließe mich einer Wandergruppe an…

… und es geht weiter mit Ihrer neuen Einstellung…

Wir haben uns jetzt schon ein großes Stück vorangearbeitet: Sie haben gelernt, Ihre Grundbedürfnisse zu befriedigen, Sie sorgen für Entspannung und genießen die Gemeinschaft anderer Menschen, sind aber auch in der Lage, im Alleinsein Glück zu entdecken. Mehr und mehr nehmen Sie Ihre Konzentration vom Mann weg und stellen sich selbst in den Mittelpunkt Ihres Lebens. Zeit, innezuhalten. Wie fühlt es sich an, selber verantwortlich zu sein für das eigene Glück? Vielleicht ein bisschen unbequem? Keine Angst, Sie werden immer besser darin. Sie haben mit Sicherheit schon die eine oder andere neue positive Erfahrung gemacht und entdeckt, dass es tatsächlich möglich ist, sich selbst Liebe zu schenken. Zu einer guten Beziehung zu sich selbst gehört aber nicht nur, die eigenen Bedürfnisse wahrzunehmen und zu befriedigen. Genauso wichtig ist, wie Sie zu Ihrer eigenen Person stehen – ob Sie eine gute Meinung von sich haben und sich selbst den Rücken stärken können.

Über den grünen Klee...

Es ist wirklich nicht leicht, die neue Schrittfolge im Kopf zu behalten. Hannah stöhnt.

Ihre Lehrerin lässt aber auch nicht locker: „Probier es noch einmal, das war schon sehr gut!" Hannah startet einen neuen Versuch. „Klasse, Mädchen!" – diesmal hat sie es fast geschafft. Beim dritten Mal klappt dann auch endlich die Drehung. Hannah strahlt vor Stolz, als sie den anerkennenden Blick ihrer Lehrerin sieht.

Stellen Sie sich vor, Sie hätten jemanden an Ihrer Seite, der Ihnen wie diese Lehrerin immer wieder auf die Schulter klopft und sagt: „Wow, das hast du gut gemacht!" Jemand, der in Ihnen alles Gute erkennt, der Ihnen blind vertraut und sich vollkommen auf Ihre Kompetenz verlässt. Jemand, der großzügig sagt: „Fürs erste Mal ist dieser Rock wunderbar gelungen!", statt kleinkariert an Details herumzumäkeln. Jemand, der sich immer wieder nach Ihrer Meinung erkundigt und Sie ermuntert, Ihren Standpunkt zu vertreten. Jemand, durch dessen wohlwollende Art Sie sich gut aufgehoben fühlen. Jemand, dem gegenüber Sie Fehler zugeben können, weil er Sie nicht verurteilt, sondern Ihnen hilft, sie geradezurücken. Jemand, der weiß, wie schwierig manche Situationen zu bewältigen sind, und Ihre Bemühungen rückhaltlos anerkennt. Jemand, der Ihnen immer wieder Lob schon für Kleinigkeiten spendet.

Wer würde da nicht aufblühen, selbstbewusster und zufriedener werden, ja sich sogar mehr zutrauen? Wie viel schöner wäre das, als ständig negativen Kommentaren ausgesetzt zu sein! Nun, es kommt ganz auf Sie selbst an! Denn dieser „Jemand", das **können und müssen Sie für sich sein!** Hören Sie auf, sich selbst herunterzuziehen oder sich von der Meinung anderer über Sie abhängig zu machen.

Eigenlob hat nämlich dieselbe positive Wirkung auf Ihr Selbstbewusstsein wie Anerkennung von anderer Seite. Also, loben Sie sich, und zwar so konkret und präzise wie nur möglich: Der Kuchen, den Sie gebacken haben, war nicht einfach nur „gut", sondern besonders locker, die Idee mit der Schokoglasur genial! Sie haben nicht einfach nur „gut" die Besprechung vorbereitet, Sie haben es geschafft, sich auf das Wesentliche zu konzentrieren, nichts Wichtiges vergessen und genau Ihren Zeitplan eingehalten!

Während Sie sich selbst loben, werden Sie merken, dass Sie jetzt auch die Leistung anderer eher anerkennen können. Je großzügiger Sie sich selbst gegenüber werden, umso großzügiger werden Sie auch anderen gegenüber.

Machen Sie sich immer Ihre Erfolge – auch Ihre Teilerfolge – bewusst. Nicht nur das Endergebnis zählt, auch die einzelnen Schritte dahin müssen Sie anerkennen. Sie wollten zehn Kilo abnehmen und haben zwei Kilo geschafft, gratulieren Sie sich von Herzen! Sie sind offenbar auf dem richtigen Weg! Sie wollten eine neue Arbeitsstelle und haben sich im Internet nach passenden Firmen umgeschaut, sehr gut! So kommen Sie voran!

Wenn Sie aufhören, sich zu überfordern, und stattdessen das würdigen, was Sie getan haben, gewinnen Sie nicht nur Selbstbewusstsein, Sie beginnen sich automatisch auch zu neuen Leistungen zu motivieren.

Gönnen Sie sich nach getaner Arbeit Ruhe! Wenn Sie sich sagen: Das habe ich gut gemacht und jetzt habe ich etwas Schönes verdient, werden Sie Ihre freie Zeit doppelt genießen. Lassen Sie sich etwas Nettes einfallen: Eine Belohnung wie ein Kinobesuch oder Essengehen ist für die Bewältigung einer besonders schwierigen oder unangenehmen Aufgabe nur angemessen.

Freuen Sie sich aber auch über die Anerkennung, die andere Ihnen zuteil werden lassen. Sammeln Sie Lob und Komplimente wie Pluspunkte!

Und so könnte eine Ihrer Mini-Veränderungen für mehr Selbstliebe und Lebensglück aussehen:

☑ Ich schreibe heute Abend alles auf, was ich bisher geleistet habe: Schulabschluss, bestandene Führerscheinprüfung, Seepferdchen, Berufsausbildung, Berufstätigkeit, Geburten, überstandene Krankheiten und Krisen, Trennungen, Umzüge – denn nichts von alledem ist selbstverständlich…

☑ Für die Arbeit an meiner Steuererklärung belohne ich mich nächste Woche mit einem Kinobesuch…

☑ Ich gönne mir von Herzen jedes Kompliment, das ich von anderen höre…

☑ Einmal in der Woche nehme ich mir eine halbe Stunde Zeit und sage mir laut und deutlich, was ich an mir selbst gut finde…

Und wie fühlen Sie sich jetzt? Ein bisschen ungläubig, aber doch auch zufrieden, erstaunt, was Sie alles geleistet haben? Sehen Sie, das ist der richtige Weg: die eigenen Anstrengungen anerkennen, sich selbst mit Wohlwollen betrachten, fördern und motivieren. Das ist der beste Ausdruck Ihrer Liebe zu sich selbst. Dann fühlen Sie Stolz und Zuversicht und eine innere Stärke, die Ihnen erlaubt, auch mit Krisen und Problemen fertig zu werden.

...durch Krisen und Probleme

Mareike ist fix und fertig. Zu ihren Kopfschmerzen kommt jetzt noch eine Erkältung hinzu... Schlimmer aber ist für sie der Dauerstress mit ihrer Kollegin Gertrud. Seit ihrer Auseinandersetzung vor einem Monat reden sie nur noch das Nötigste und ausschließlich über Angelegenheiten, die die Arbeit betreffen. Die eisige Stimmung ist besonders heute nichts für Mareikes sensibles Gemüt. Schon auf der Heimfahrt kommen ihr die Tränen. Als sie verheult zu Hause ankommt, ist sie froh, dass Tim da ist. Er hört ihr aber nur mit halbem Ohr zu, während er nebenbei durch alle Kanäle zappt. Vor Enttäuschung beginnt sie wieder zu weinen: „Nie hörst du mir zu!" – „Das tue ich, aber ich kann immer dasselbe Gejammere über deine Kollegin nicht mehr ab! Andere haben auch Stress!", herrscht Tim sie an. „Super!", denkt Mareike, „Als ob ich noch nicht genug Probleme hätte!"

Eines der Hauptargumente für enge Beziehungen ist, jemanden zu haben, der einem in Notfällen oder auch in kleineren Krisen hilft. Wer träumt nicht davon, bei Krankheit zärtlich umsorgt, in Stresszeiten zuverlässig unterstützt und nach einem aufreibenden Tag liebevoll umarmt zu werden? Mit dem Ideal vom „Richtigen" im Kopf setzt eine Frau bei ihrem Mann erst recht voraus, dass er Geduld und Verständnis für ihre Probleme aufbringt, immer das passende Wort parat hat und niemals so sehr mit sich beschäftigt ist, dass er sich nicht noch ausführlich um sie kümmern könnte. Je höher ihre Ansprüche an einen liebevoll unterstützenden Mann, umso geringer werden allerdings ihre eigenen Bemühungen, mit ihren Problemen zurechtzukommen: War sie als Single noch in der Lage, eine Erkältung innerhalb von drei Tagen mit Bettruhe und einem spannenden Krimi auszukurieren, braucht sie dafür jetzt eine Woche, weil sie sich selbst nicht mehr mit derselben Konsequenz wie früher pflegt und stattdessen erwartet, von ihrem Freund umsorgt zu werden. Der kann das natürlich nicht halb so gut wie sie: Er bringt den Tee zu spät oder gar nicht, sitzt lieber vor dem Computer, statt sich mit ihr zu unterhalten, und ist zu allem Überfluss auch noch selbst schlecht drauf.

Natürlich und Gott sei Dank gibt es gegenseitige Hilfe in unseren engen Beziehungen! Viele Frauen brauchen aber mehr als nur zupackende Hände beim Umzug. Ihnen schwebt jemand vor, der sogar typisch weibliche Probleme aus tiefstem Herzen nachempfindet und der ihre noch so widersinnigen Selbstzweifel ernst nimmt und ihnen ausredet. Wenn sie einen Partner haben, verlassen sich so sehr auf seine Hilfe und seinen Trost, dass sie glauben, es nicht mehr nötig zu haben, sich selbst zu helfen und zu trösten. Diese Strategie behalten sie absurderweise auch dann bei, wenn die Hilfe vonseiten Ihrer Männer ausgeblieben ist. Sie warten auch, wenn ihre Schwierigkeiten und ihre Frustration ins Unermessliche gestiegen sind, noch, dass er ihnen *endlich* hilft.

„Brauchen" Frauen tatsächlich jemanden, der sie beim prämenstruellen Syndrom tröstet – oder sind diese Bedürfnisse hausgemacht, weil sie sich in ihren Beziehungen nicht mehr um sich selbst kümmern? Warum kommen Frauen, die alleine leben und sich nur auf sich selbst verlassen, besser zurecht als ihre verheirateten Geschlechtsgenossinnen, die mehr oder weniger vergeblich darauf warten, dass ihr Mann ihre Probleme löst? Singlefrauen bewältigen ihr Leben nicht nur, weil sie es müssen, sondern weil sie es können! Und genauso ergeht es einer Frau, die sich selbst liebt: Sie übernimmt in jeder noch so schlimmen Lage die volle Verantwortung für ihre Person. Sie sucht nach Lösungen und Handlungsmöglichkeiten und tut alles, aber auch alles, für ihr Wohlbefinden! Sie jammert nicht, sie wird aktiv! Sie hat kapiert, dass sie ihre Schwierigkeiten bewältigen muss, um wieder bessere Zeiten zu haben. Sie arbeitet *immer* auf ein schönes Leben hin. Sie wird vom Opfer zum Täter – auch und gerade in den Situationen, die aussichtslos erscheinen.

Sie hat ihre erlernte Hilflosigkeit abgelegt und mit ihr auch die Angst, durch ihre Selbständigkeit in sexueller Hinsicht etwa unattraktiv zu wirken! Es mag ja sein, dass eine Frau, die wegen ihrer Autopanne einen Mann mit großem Augenaufschlag um Hilfe bittet, diese und auch Sex bekommt… Im täglichen Zusammenleben empfindet ein Mann ein „Frauchen", das sich schutzsuchend an ihn klammert, eher als lästig. Ihm imponieren kompetente Frauen. Oft vermisst er bei seiner anhänglichen Partnerin deren frühere Selbstständigkeit. Die temperamentvolle Ausstrahlung einer lebenstüchtigen Frau, die ihre Reifenpanne selbst behebt, ist genauso sexy wie ein schöner Mann mit langen Haaren, der zärtlich ein Baby im Arm hält. Wenn unabhängige Frauen zur Gewohnheit werden, wird sich die Gleichung hilflos = sexy automatisch zu ihren Gunsten verändern! In einer Hinsicht aber haben sie jetzt schon gewonnen: Sie packen unerschrocken ihre Probleme an!

Und so werden auch Sie zum kompetenten Problemlöser in eigener Sache:

Zuallererst lernen Sie, sich selbst emotional aufzufangen!
Sie sind besonders liebevoll zu sich selbst und päppeln sich wieder auf: Alles, was die Sinne angenehm berührt und Sie an die zufriedene Sattheit Ihrer ersten Lebensjahre erinnert, ist geeignet, eine tröstliche, angeneh-

me Stimmung zu zaubern. Warm, weich und süß – das sind die besten Komponenten des Trostes. Ein heißer Kakao oder ein duftender Tee, eine warme Süßspeise, aber auch eine Suppe oder ein kräftiger Eintopf wärmen Körper und Seele. Ein Stückchen Schokolade, ein Praliné, dessen süßer Schmelz auf der Zunge zergeht, stimmen zuversichtlich. Auch Gerüche wie den Ihrer Haut oder den Duft von Vanille, Zimt, Rose oder Lavendel werden Sie als angenehm beruhigend empfinden. Ein paar Tropfen Duftöl ins Badewasser oder auf das Kissen, das Sie umarmen, haben einen wunderbar tröstenden Effekt. Wenn Sie sich unter eine weiche Decke kuscheln, eine Schale mit nach Zimt duftendem Milchreis vor sich, und den Klängen sanfter Musik lauschen, hätscheln Sie das verletzte Kind in Ihnen. Sie bekommen wieder dieses beruhigende Gefühl, dass „Mama da und alles in Ordnung" ist. Sie merken, dass die Welt trotz aller Schwierigkeiten ein angenehmer Ort und das Leben lebenswert ist.

Dazu gehört auch, sich keine Vorwürfe zu machen!
Sie sind und bleiben ein liebenswerter Mensch, auch wenn Ihnen was Schlimmes oder Dummes passiert. Übernehmen Sie die Verantwortung für das, was geschehen ist, und handeln Sie, um die Situation noch zu verbessern, aber verdammen Sie sich nicht.

Sie arbeiten an Ihrer Einstellung:
Sie verbreiten selbst Zuversicht und Optimismus!
Kultivieren Sie angesichts von Problemen Fassungslosigkeit oder können Sie sie als Bestandteil des Lebens akzeptieren? Das Leben lehrt! Wenn Sie in der Lage sind, Probleme als Ihre Aufgaben zu betrachten, haben Sie die Möglichkeit, aus ihnen zu lernen und daran zu reifen. Während Sie sich aus einer unglücklichen Beziehung befreien, eine schwere Erkrankung durchstehen und Ihre Schulden abbauen, wachsen Sie über sich hinaus. Sie sammeln neue Erfahrungen und lernen sich selbst von einer anderen, kompetenten Seite kennen. Erst Schwierigkeiten zwingen uns, neue

Fähigkeiten und Strategien zu entwickeln und auch die Veränderungen vorzunehmen, die schon lange notwendig, aber in der Bequemlichkeit des Alltags niemals richtig drängend waren.

Probleme verändern Sie, und wenn Sie sie mit Selbstliebe anpacken, ist es eine Veränderung zum Positiven: Sie gewinnen an Selbstvertrauen, Sie setzen neue Prioritäten, Ihre Sicht auf das Leben bekommt eine tiefere Dimension, Ihre Beziehungen werden inniger, Ihre Fähigkeit, Glück zu empfinden, größer.

Nehmen Sie also die Herausforderung an! Schütteln Sie die Lähmung ab, die Sie befällt, wenn Sie sich von Schwierigkeiten gedanklich überwältigen lassen! Wenn Sie in Selbstmitleid versinken oder anklagend vor sich hinstänkern, tun Sie vor allem sich selbst nichts Gutes! Was Ihnen an Ihrer Situation nicht gefällt, werden Sie nicht „wegjammern" können.

Wer negativ denkt, „schlampt" mental vor sich hin! Es ist keineswegs ein Zeichen von Tiefgründigkeit, sich gedanklich im Kreis zu drehen und immer das Schlimmste anzunehmen. Wenn es jemand schafft, seine Probleme zu lösen, bedeutet das nicht, dass sie etwa zu einfach gewesen wären, er hat schlicht seine Intelligenz dazu verwendet, sich ernsthaft Lösungen zu überlegen.

Wie Sie denken, entspricht Ihrer grundlegenden Einstellung zu Ihrer Person. Es gibt tatsächlich eine Art des Denkens, die aus Ihrer Fähigkeit, sich selbst zu lieben, kommt, die aber auch umgekehrt Ihre Beziehung zu Ihrer eigenen Person stabilisiert. Es ist das Wissen, dass Ihre Einstellung zu dem, was Ihnen passiert, eine entscheidende Rolle bei der Bewältigung Ihrer Schwierigkeiten und für Ihr Wohlbefinden spielt. Wenn Sie in fruchtloses Grübeln verfallen wollen, stellen Sie sich deshalb immer wieder die Frage: „Hilft mir dieser Gedanke weiter? Bringt er mich meinem Ziel näher?"

Wenn Ihnen das nicht auf Anhieb gelingt, greifen Sie zu folgendem Trick: Sie kennen doch sicher die „Ja, aber"-Methode, die normalerweise von Miesepetern dazu verwendet wird, jeden Lösungsvorschlag erfolgreich abzuschmettern. Sie kontern den Vorschlag einer Freundin, gegen ihr Übergewicht Sport zu machen, mit dem Einwand: „Ja, aber ich habe keine Zeit." Die Idee, weniger fernzusehen, finden sie auch nicht so toll, weil sie abends generell zu müde sind, noch irgendwas zu machen... Die „Ja, aber"-Technik lässt, konsequent genug angewandt, Ihre Freundin an der Ausweglosigkeit Ihrer Situation verzweifeln. Sie selbst können mit einem gewissen Stolz über die schier unüberwindliche Größe ihrer Schwierigkeiten im Nichtstun versinken. Umgekehrt könnten Miesepeter gar nicht anders als aktiv werden, wenn sie die „Ja, aber"-Methode anders herum verwenden und zu jedem negativen Gedanken einen positiven Zweifel äußern:

„Mist, schlechtes Wetter!" → „Schön, da kann ich gemütlich meinen Krimi weiterlesen!"
„Was mache ich nur, er ruft nicht an!" → „Super, da kann ich doch mit meiner Freundin ins Kino gehen!"

Diese Art von Optimismus ist ein Akt der Selbstliebe. Sie wünschen sich ein gutes, schönes Leben. Sie wünschen sich das Beste. Also werden Sie auch immer das Positive in dem, was Ihnen passiert, erkennen können. Sie weigern sich einfach, sich ausschließlich mit Ihrem Unglück zu identifizieren. Sie lenken den Blick auf die vielen Dinge, die immer noch funktionieren und die Ihnen helfen werden, das Problem zu lösen.

Sie lösen die Aufgabe!
Jetzt können Sie beweisen, wie intelligent und kreativ Sie sind und wie viel Ihnen wirklich an einer Verbesserung Ihrer Situation liegt! Sie überlegen sich, mit welchen Strategien Sie schon einmal Erfolg hatten. Sie strengen

ihr Köpfchen an und denken sich auch neue aus! Sie konzentrieren sich auf die Möglichkeiten Ihrer eigenen Person! Die beherrschenden Fragen lauten: Was will i c h ändern? Was werde i c h dazu tun? Mit Wünschen wie „mein Freund soll mich nicht betrügen" und „meine Kinder sollen nicht mehr so faul sein" werden Sie kaum zu einer Lösung Ihrer Probleme kommen. Was andere Menschen tun oder lassen, liegt nicht in Ihrer Hand.

Ganz anders klingt: „Wenn mein Freund mich betrügt, verlasse ich ihn" oder „Ich kontrolliere die Hausaufgaben meiner Kinder". Merken Sie den Unterschied? In all diesen Formulierungen kommt das Wort „ich" vor. Und dieses Wort verändert alles: Sie werden vom Objekt, von der Person, mit der etwas geschieht, zum Subjekt, zu jemandem, der handelt. Sie übernehmen die Verantwortung für das Problem.

Sie hören auf, sich zu demotivieren!
Die meisten demotivierenden Gedanken waren ursprünglich dazu gedacht, uns zu motivieren. Wir glauben, wir würden nur dann etwas ändern, wenn wir uns so richtig Feuer unterm Hintern machen: ab morgen nie wieder rauchen, täglich eine Stunde Sport, nie wieder Schokolade! Ge- oder Verbote wie diese lösen zurecht Panik vor dem Verlust angenehmer Gewohnheiten aus. Warum sich also nicht erst mal schadlos halten und fünf Tafeln Schoko auf einmal schlemmen, um dann die radikale Veränderung auf morgen zu verschieben – und auf übermorgen und nächste Woche (aber dann wirklich!).Wenn Sie meinen, nur so mutig und entschlossen zu sein, nur so überhaupt eine Veränderung in Angriff nehmen zu können, torpedieren Sie unter Umständen Ihre eigenen Ziele. Demotivation ist ein aktiver Prozess, nichts, was man erleidet, sondern etwas, das man selbst auslöst.

Dasselbe geschieht, wenn Sie glauben, immer sofort wissen zu müssen, was Sie wollen: Bei vielen Entscheidungen geht es um die Wahl zwischen mehreren neuen, unbekannten Situationen. Nehmen wir z.B. die Entscheidung, welchen Beruf Sie erlernen wollen. Sie haben noch nie als Bäckerin gearbeitet. Sie wissen also gar nicht, wie das ist. Wie sollen Sie sich da entscheiden? Es ist ein bisschen wie dieses Spiel, bei dem Ihnen jemand seine beiden Fäuste hinstreckt und Sie auffordert, sich für den Inhalt einer der Hände zu entscheiden. Wochenlange Grübeleien darüber, welche Entscheidung die beste sein könnte, können genauso unangebracht sein wie die Taktik, sich mit einer blinden Entscheidung zu überrumpeln. Stehen Sie dazu, nichts zu wissen und sich deshalb auch noch nicht entscheiden zu können. Und dann beginnen Sie, sich gezielt zu informieren. Ersetzen Sie Ihre Zweifel durch Wissen: Unterhalten Sie sich mit einer Bäckerin über ihren Berufsalltag oder machen Sie ein Praktikum. Überlegen Sie, in eine andere Stadt zu ziehen, bleiben Sie erstmal für zwei Wochen auf Besuch. Sie wissen nicht, ob Sie die Nerven zur Mutterschaft haben? Warum „leihen" Sie sich nicht von einer Freundin für eine Woche deren Kind aus? Wenn Sie so vorgehen, tun Sie etwas und beschäftigen sich mit der Realität, statt sich tatenlos nebulösen Vermutungen hinzugeben. Sie schaffen sich die Basis, auf der Sie sich entscheiden können.

Sie handeln!
Sie machen den ersten kleinen Schritt. Und wenn Sie keinen Erfolg haben, korrigieren Sie Ihre Methode. Machen Sie es nicht wie die meisten Menschen und geben Sie beim geringsten Widerstand auf! So bekommen Sie einen vollkommen falschen Eindruck vom Leben und von Ihren Fähigkeiten. Machen Sie es besser! Klemmen sie sich dahinter und suchen Sie nach der optimalen Methode! Strengen Sie sich an und zeigen Sie, was an Kreativität und Entschlossenheit in Ihnen steckt!

Und so könnten Ihre Mini-Veränderungen für mehr Selbstliebe und Lebensglück aussehen:

☑ Wenn ich in dieser Woche traurig, abgeschlagen oder wütend bin, tröste ich mich selbst mit…

☑ Wenn ich heute niedergeschlagen bin, wende ich die „ja, aber"-Methode an…

☑ Welche Informationen fehlen mir, um eine anstehende Entscheidung zu treffen, und wo könnte ich sie mir besorgen?

☑ Ich lasse mir zu einem drängenden Problem fünf Lösungen einfallen und probiere heute schon eine aus…

...bis Sie die Liebe als Luxus genießen

Sie haben jetzt gelernt, Ihre Grundbedürfnisse zu befriedigen, liebevoll mit sich umzugehen und Krisenzeiten optimal zu überstehen. Im letzten Kapitel ging es auch darum, zu lernen, sich Entscheidungen zu erleichtern. Dieses Wissen können Sie jetzt nutzen. Es ist an der Zeit, sich grundlegenden Fragen zu stellen und zu überprüfen, ob Ihnen das Leben, das Sie zum jetzigen Zeitpunkt führen, auch tatsächlich entspricht. Wie Sie diese Frage beantworten, ist für Ihr persönliches Glück nämlich viel entscheidender als die Frage, ob Sie eine Beziehung führen oder ob Ihr Mann der „Richtige" ist. Ein Partner kann jederzeit gehen, aber das Leben der eigenen Persönlichkeit entsprechend zu gestalten ist eine Fähigkeit, die Ihnen niemand mehr nehmen kann. Auch während Sie eine Beziehung führen, sollten Sie immer wissen, wie Sie Ihr Leben leben wollen. Ohne dieses Wissen kann es Ihnen passieren, dass Sie nach und nach in das Leben Ihres Partners schlüpfen und Ihr eigenes aufgeben.

Ein Leben nach Ihrer Façon

Sonja kommt eigentlich aus München. Als sie noch dort lebte, bestand ihr Freundeskreis zum Teil noch aus Klassenkameradinnen aus ihrer Kindheit. Sie nahm Unterricht in klassischem Ballett und lernte Salsa. Einmal im Monat gönnte sie sich einen Theater- oder Opernbesuch. Ihr Leben war interessant und ausgefüllt. Alles, was ihr noch fehlte, war ein Mann. Als sie Heiko kennenlernte, war sie beeindruckt. Er studierte Betriebswirtschaftslehre und hatte schon damals klare Vorstellungen von seinem späteren Werdegang. Für sein berufliches Fortkommen war er bereit, notfalls auch ins Ausland zu gehen.

Sonja war im siebten Himmel. Sie hatte nicht zu hoffen gewagt, jemanden zu finden, mit dem sie sich so gut verstehen würde wie mit Heiko. Die beiden waren unzertrennlich. Weil Sonja bald die Pendelei zwischen Heikos und ihrer Wohnung nervte, zog sie zu ihm in einen Vorort von München. Ohne eigenes Auto war es schon schwieriger, Freundinnen zu sehen oder in die Oper zu gehen. Doch sie verspürte ohnehin nicht mehr so sehr das Bedürfnis danach und verbrachte ihre Abende lieber in trauter Zweisamkeit vor dem Fernseher. Ausgerechnet an einem der beiden Abende, an denen Heiko keinen Karateunterricht hatte, fand ihr Salsakurs statt. Vielleicht würde es ihr gelingen, Heiko später mal zu einem Kurs zu überreden. Es erschien ihr sowieso nicht mehr richtig, mit einem anderen Mann zu tanzen. Sie gab den Salsa-Unterricht auf.

Als Heiko nach seinem Studium ein Stellenangebot in Köln bekam, war es für Sonja selbstverständlich, mit ihm umzuziehen. In ihrem Beruf fand sie ohne Probleme auch in Köln Arbeit. Es erschien ihr sogar verlockend romantisch, sich mit ihrem Traummann in der Fremde ein neues Leben aufzubauen. In Köln kommt es jetzt wider Erwarten zu ersten Spannungen in ihrer Beziehung. Sonja hat für Heiko viel aufgegeben: Freunde, Salsa und die Oper, ihren Arbeitsplatz, den engen Kontakt zur Familie und den vertrauten Wohnort. Jetzt erwartet sie, mit mehr Zweisamkeit entlohnt zu werden. Heiko allerdings stürzt sich lieber mit vollem Einsatz in seine neue Tätigkeit und geht abends auch noch mit seinen Kollegen aus. Er spielt mit der Idee, demselben Golfclub wie sie beizutreten. Er weiß noch gar nicht, wie er das Sonja beibringen soll. Ihre Anhänglichkeit nervt ihn. So unselbstständig ist sie doch früher auch nicht gewesen!

Wenn Sie sich vorstellen, heute am Ende Ihres Lebens angelangt zu sein und zurückzuschauen, was würden Sie feststellen? Könnten Sie sagen, dass Ihr Leben einen Sinn hatte? Würden Sie meinen, dass Sie sich weiterentwickelt und aus Ihren Anlagen etwas gemacht haben? Könnten Sie von sich behaupten, dass Sie immer Ihre eigenen Ziele hatten und den Raum, Ihren Neigungen nachzugehen? Wenn das der Fall ist, haben Sie ein Leben nach Ihrer Façon geführt und können sich an eine ganze Reihe beglückender Momente erinnern. Dann haben Sie nämlich gelernt, Glück zu finden, indem Sie es für sich selbst geschaffen haben.

Vielleicht funktionieren Sie aber nur im täglichen Einerlei und kommen niemals richtig zum Zug. Möglicherweise reagieren Sie auf Anforderungen und die Erwartungen anderer, statt für sich eine befriedigende Gegenwart zu gestalten. Vielleicht sind Sie aber auch davon ausgegangen, dass sich mit dem „Richtigen" automatisch das Glück einstellen wird und haben darüber Ihre Façon noch nicht gefunden oder wieder verloren.

Wie Sonja im obigen Beispiel konzentrieren die meisten Frauen ihr Leben auf den Partner und passen sich ihm in vielerlei Hinsicht an. Der Geliebte hat Priorität und die Zweisamkeit wird zum Lebensstil. Das korrespondiert wiederum mit der Intention eines Mannes wie Heiko, seine Frau als treue Mitstreiterin seiner Interessen zu gewinnen. Er ist es dann auch, der das Leben seiner Partnerin strukturiert und nach seinen Bedürfnissen gestaltet: Sie wechselt mit ihm den Wohnort, damit er beruflich voran kommt, und hält sich ihre Abende für ihn frei. Die Frau ist die Begleiterin des Mannes geblieben. Sie wartet auf ihn, und wenn sie ihn hat, folgt sie ihm. Sie tendiert dazu, Interessen und Freundschaften aufzugeben und sich in ihren Vorlieben an denen ihres Partners zu orientieren. Dasselbe verlangt sie von ihm.

Das Leben zu zweit entbindet eine Frau aber nicht von der Verantwortung, ihr eigenes Leben zu führen. Sie kann nicht gegen ihre Neigungen und Interessen handeln und sich dann vom Partner für die entstandene Unzufriedenheit entschädigen lassen. Sie muss nach Möglichkeiten suchen, nach ihrer Façon glücklich zu werden.

Zur eigenen Façon finden heißt, einen Lebensstil zu entwickeln, der ganz und gar der eigenen Persönlichkeit und ihren Vorlieben entspricht. Es bedeutet aber auch, den eigenen Charakter vorbehaltlos zu akzeptieren, sich nicht mehr zu verbiegen und anzupassen, sondern das, was man ist, als Gewinn zu betrachten und frohen Herzens auszuleben. Ein Leben nach der eigenen Façon zu führen ist ein Akt größter Selbstakzeptanz und führt unweigerlich ins Glück. Wer kennt Sie und Ihre Vorlieben besser als Sie selbst? Sie wissen doch am besten, dass Sie für fetten Camembert sterben könnten, sich vor Fisch aber richtiggehend ekeln, dass Spaziergänge Sie anöden, Sie aber jedes Wochenende eine Fahrradtour machen möchten. Sie wissen auch, dass Sie es hassen, morgens um sechs Uhr aufzustehen, dass Sie nur bei geöffnetem Fenster schlafen wollen und dass Sie den Freitagskrimi anschauen „müssen".

Solche Vorlieben sind Ausdruck Ihrer Persönlichkeit und Ihrer Bedürfnisse. Das Wissen um sie ist Ihr größtes Glückspotenzial. Wenn Sie ihnen mit Ihrem Leben entsprechen, sammeln Sie viele, viele Pluspunkte auf Ihrem Zufriedenheitskonto. Aufhören, sich nach der Norm oder nach dem, was der Partner vorschreibt, zu richten, nicht mit der eigenen Person zu hadern, sondern einfach man selbst sein, so, wie man ist, das ist wirkliche Freiheit! Die eigenen Vorlieben – mögen sie noch so seltsam oder schrullig sein – zu kultivieren statt sich ihrer zu schämen, darin kann größte Befriedigung liegen!

Jede Persönlichkeit ist ein Gewinn und bietet Möglichkeiten zu einem erfüllten Leben, wenn man sie kennt, akzeptiert und nach ihr lebt! Entdecken Sie die positiven Seiten, die Ihre persönlichen Eigenschaften mit sich bringen! Wenn Sie das nächste Mal wieder glauben, „pedantisch", „faul", „vergesslich" oder „sprunghaft" zu sein – warum sich nicht als „gründlich", „entspannt", „aufs Wesentliche konzentriert" und „spontan" beschreiben? Suchen Sie sich die Umgebung, in der Sie und Ihre Mitmenschen aus Ihren Eigenschaften den größten Nutzen ziehen! Hören Sie auf, mit viel Aufwand und geringem Erfolg „Charakterschwächen" oder „Fehler" auszubügeln: Egal, ob kurzbeinig, ängstlich oder TV-Junkie, wenn Sie sich selbst immer anders wünschen, als Sie sind, werden Sie schwerlich zu Ihrer Form finden! Noch schwerer wird es, wenn Ihnen die Liebe als Schlaraffenland vorschwebt und Sie glauben, möglichst viel Zeit mit Ihrem Partner verbringen zu müssen:

Samstags geht es gemeinsam in die Stadt. Sie will nach Kleidung schauen, er nach CD-Playern. In der dritten Boutique beginnt er missmutige Unaufmerksamkeit zu verströmen. In der Kleingeräteabteilung des Kaufhauses mault sie ihrerseits, sie bräuchte jetzt und sofort einen Kaffee. In der Cafébar treffen sie ausgerechnet die Arbeitskollegen von ihr, die er überhaupt nicht leiden kann. Ohne ihn zu fragen, hat sie schon eine

Verabredung für den Abend getroffen. Er ist stinksauer. Als sie nach einem seiner Meinung nach nervigen Abend nach Hause kommen, ist sie zu müde für Sex. Am Sonntagmorgen geht er alleine joggen. Als er sich danach an den Schreibtisch setzt, um endlich seine Steuererklärung zu machen, beklagt sie sich, dass er nie etwas mit ihr unternähme. Sie wollte doch mit ihm eine Radtour machen. Mit dem darauf folgenden Streit verderben sich beide den Sonntag dann endgültig.

Von einer Übereinstimmung der Interessen, wie sie das „Schlaraffenland Liebe" verspricht, kann keine Rede sein. Auch nicht von einer erholsamen Freizeit, geschweige denn vom erhofften Glück zu zweit. Schließlich werden durch den Anspruch auf permanente Zweisamkeit die Vorlieben und Interessen der Partner auf den kleinsten gemeinsamen Nenner reduziert. Das geht so lange auf Kosten ihrer individuellen Präferenzen, bis ihre Lebensqualität leidet. Enge Beziehungen führen fast zwangsläufig zum Verlust der eigenen Façon.

Sich an einem Wochenende für ein paar Stunden auszuklinken und ganz den eigenen Interessen zu frönen – vollkommen undenkbar! Alleine ins Kino zu gehen oder einen Stadtbummel machen – wozu, wenn man einen Partner hat! Das Dogma, die gesamte Freizeit miteinander zu verbringen, ignoriert die unterschiedlichen Vorlieben der Partner. Weil aber nicht sein kann, was nicht sein soll, muss man wenigstens so tun, als wolle man immer dasselbe. So versucht z.B. eine Frau seit Jahrzehnten, ihren Mann dazu zu bringen, mit ihr im Sommer in einem Eiscafé einen großen Eisbecher zu verspeisen. Wenn er aber im Gegensatz zu ihr üppigen Genüssen nicht zugetan ist, bringt ihm das Schwelgen in Eis und Sahne ungleich weniger Freude als das Gefühl zufriedener Müdigkeit nach einer anstrengenden Wanderung. Doch statt sich ihren Eisbecher alleine oder mit einer gleichgesinnten Freundin zu gönnen, setzt sich seine Frau im Café lieber seinen missbilligenden Blicken aus, nur um ihm ihrerseits mangelnde Lebensfreude vorzuwerfen. Sie überredet ihn zum Tanzkurs, er überredet sie zum Kino. Er erträgt ihr zuliebe die Langeweile eines Vortrags, sie hockt Stunden bei seiner Verwandtschaft ab.

Das Diktat der Nähe erlaubt einer Frau, die leidenschaftlich gerne tanzt, nicht, ohne ihren Mann einen Kurs zu besuchen. Entweder muss sie ihren Mann überreden zu tun, was er hasst, oder selbst auf ihren Herzenswunsch verzichten. Je enger eine Beziehung, umso mehr geht das Glück des einen auf Kosten des anderen. Wer nachgibt, verlangt Gleiches vom Partner. „Ich mache das nur dir zuliebe" – heißt: „Das nächste Mal musst du mir einen Gefallen tun". Wenn dann beide intensiv genug damit beschäftigt sind zu tun, was der andere verlangt, beginnen sie auch damit, die Verantwortung für das eigene Wohlergehen dem anderen zuzuschieben. Jeder hört auf, sich selbst für sein Glück verantwortlich zu fühlen. Damit eröffnen sich optimale Möglichkeiten, den Partner nach den eigenen Wünschen zu dirigieren. Der Preis aber ist hoch: Irgendwann verbringt jeder der beiden seine Zeit so, wie er es eigentlich nicht wollte, und keiner ist mehr richtig zufrieden. Er isst, was er gar nicht mag, und hat einen Wohnzimmerteppich, den er geschmacklos findet. Sie schläft widerwillig bei geschlossenem Fenster und kocht abends warm, obwohl ihr ein Käsebrot völlig genügen würde.

Das Zusammenleben mit einem zu verschiedenen Partner ist sogar Stress pur. Wenn zwei Menschen, die einander aus Liebe geheiratet haben, später einen erbitterten Kleinkrieg führen, der an Beleidigungen und Verächtlichkeiten nicht zu überbieten ist, dann deshalb, weil jeder von beiden verzweifelt nach einem Quentchen Macht über den anderen strebt, nach der Durchsetzung seiner Interessen, nach seinem persönlichen Glück, das ihm die Enge unserer Beziehungen verwehrt. Und wenn die beiden Partner dann versuchen, ihre jeweiligen Interessen durchzusetzen, sind sie auch noch frustriert, das in einer Liebesbeziehung überhaupt nötig zu haben!

Gerade für Frauen entsteht eine prekäre Situation. Ihnen wurde beigebracht, ihr Glück in der Liebe und nur dort zu suchen. Ihre Bereitschaft, sich an die Interessen des Mannes anzupassen, ist groß. Dadurch sind sie aber auch schneller anfällig für Frustrationen. Irgendwann wollen sie mit ihren Wünschen auch mal zum Zug kommen. Je nach Temperament warten oder drängen sie dann darauf, dass auch ihr Partner ihre Interessen teilt. Und da sind sie dem Mann gegenüber im Hintertreffen: Er hat sich die innere Unabhängigkeit bewahrt, zur Not auch etwas alleine zu unternehmen. Und er ist auch noch in anderer Hinsicht im Vorteil: Will seine Frau eigene Ziele verfolgen, ist sie darauf angewiesen, dass er sich auf ihre Wünsche abstimmt und seinen Teil in Hausarbeit und Kindererziehung leistet. Wenn ihr Partner nicht mitspielt, wird es schwierig für sie, zeitlich auch noch eigene Interessen unterzubringen. Sie gerät ihm gegenüber in die Rolle der Bittstellerin und er erhält eine schöne Möglichkeit, ihre Pläne zu durchkreuzen.

Eine Frau ist unterlegen im Kampf der Interessen, der unweigerlich in engen Beziehungen aufkommt. Für sie entsteht zusätzlich ein innerer Konflikt: Auf der einen Seite will sie ihre Beziehung nicht durch zu viele Auseinandersetzungen gefährden, auf der anderen Seite aber auch als emanzipierte Frau ihr Recht auf persönliches Glück wahrnehmen. Was folgt, ist der typisch weibliche „Eiertanz" aus Vorwürfen, Schmollen, Angst vor Liebesverlust, Rückzug und neuen Angriffen. Dabei verspielt sie nicht nur die Chance, für ihr eigenes Glück zu sorgen. Mit der Zeit wird es nicht zuletzt durch ihr vorwurfsvolles und beleidigtes Verhalten immer unwahrscheinlicher für sie, in ihrer Beziehung das erhoffte Glück zu finden.

Wenn sich beide Partner gegenseitig laufend durch Kleinigkeiten verärgern, sich gegenseitig häufig kritisieren und die Bedürfnisse des anderen nicht gelten lassen wollen, ist es so weit: Dann wollen sich ihre unterschiedlichen Charaktere endlich verwirklichen – und das umso mehr, je gegensätzlicher sie sind. Vielleicht finden Sie sich mit Ihrem Partner in folgenden hochexplosiven Mischungen wieder:

Idealist – Materialist

Erfüllt es Sie mit Stolz, Ihre teuer eingerichtete Wohnung zu betreten und in Ihren Sparbüchern und Wertpapieren zu blättern? Erfreuen Sie sich an hochwertigen Produkten und haben Sie schon die nächste Anschaffung geplant? War bei Ihrer Berufswahl die Höhe des Gehalts entscheidend? Dann haben materielle Werte eine große Bedeutung in Ihrem Leben. Ein schönes Auto zu haben, einen wertvollen Ring, das macht Sie glücklich und erfüllt Sie jedes Mal von Neuem mit Befriedigung. Ein Idealist dagegen hat eine grundlegend andere Einstellung zu den Dingen, die von der Frage ihres reinen Nutzens bis zu ihrer Verachtung reichen kann. Niemals würde er sich von Sachwerten sein Leben diktieren lassen. Die Dinge sollen ihm dienen, nicht umgekehrt – und zur Not kommt er ohne sie aus. Was nicht bedeutet, dass er etwa sparsam wäre! Oft ist er geradezu verschwenderisch und kann sein Geld nicht zusammenhalten, gerade weil er keinen Bezug dazu hat. Bücher, seine zahlreichen Hobbys, Kurse, Spendenaktionen – für ihn ist ein Produkt nicht an und für sich wertvoll, sondern dann, wenn es zu seiner Entspannung oder Persönlichkeitsbildung beiträgt oder seinen Wertvorstellungen entspricht. Ein Beruf, in dem er weder seine Talente und Kreativität noch seine Ideale verwirklichen kann, ist für ihn vertane Zeit. Einen Materialisten kann er schon allein deshalb schwer ertragen, weil der das verkörpert, was er selbst bekämpfen will: die Liebe zum Geld und zum Besitz. Trotzdem kann er eine besonders unschuldig daherkommende Form des Schmarotzertums entwickeln: Er, dem so wenig am Materiellen liegt, dass er unter Umständen sein Gehalt schon in der Monatsmitte aufgebraucht hat, lebt dann den Rest des Monats von dem, was der Materialist in weiser Voraussicht an Vorräten angelegt hat. Ein Zusammenleben von Materialist und Idealist ist denn auch nicht unproblematisch: Das liebe

Geld und gemeinsame Anschaffungen bleiben Themen, über die sie nur selten zu einer Einigung kommen.

Gruppenmensch – Einzelgänger

Wichtiger als das, was er tut, ist dem Gruppenmenschen, dass er es zusammen mit anderen tut. Er liebt Unternehmungen mit Freunden und Bekannten. Wenn er mit anderen verreist, hat er das Gefühl, seine Erlebnisse durch den gegenseitigen Austausch noch zu intensivieren. Und auch auf der Arbeit läuft er in Gruppen zur Höchstform auf. Er ist der geborene Teamplayer, kommunikativ und kompromissbereit. Sein Motto ist: Gemeinsam sind wir stark! Alleine leben, alleine essen, alleine schlafen findet er todlangweilig. Weil das Zusammensein mit anderen sein größtes Bedürfnis ist, hat er auch keine Mühe, sich ihnen anzupassen. Genau das passt dem Einzelgänger nicht. Er hat seine Ziele immer ganz klar vor Augen. Auch wenn eine Gruppe eine andere Richtung wählt: Er nimmt zur Not alleine den Weg, den er für richtig hält. Im Beruf ist er eher sachbezogen als kommunikativ, die Arbeit im Team empfindet er als lästig, nicht als hilfreich. Wohngemeinschaften und Gruppenreisen bereiten ihm eine besondere Qual. Absprachen und Auseinandersetzungen nerven ihn, die ständige Gegenwart anderer stresst ihn. Er ist sich selbst genug und genießt das Alleinsein als größte Freiheit. Egal, ob in der Disco oder auf einer Party, er will kommen und gehen können, wann er will. Lieber verreist er alleine, als dass ihm das banale Geplapper anderer Menschen die Faszination des Fremden verdirbt. Wenn er alleine spazieren geht, kann er seine Umgebung mit allen Sinnen wahrnehmen und ungestört seinen Gedanken nachhängen. Ihm ist die Anwesenheit seines Partners schon mehr als genug. Der Gruppenmensch dagegen will seinen Partner am liebsten überall mit hin schleppen. Von einem Einzelgänger fühlt er sich immer nur allein gelassen.

Konformist – Nonkonformist

Für den Konformisten ist gesellschaftliche Anerkennung das A und O. Auffallen – egal ob negativ oder positiv – ist das Letzte, was er will. Er tut und denkt, was alle tun. Sein Geschmack entspricht dem Mainstream, seine Meinung der Mehrheit. Ein potenzieller Partner muss da schon ins Bild passen: Adrett, mit dem richtigen Beruf und guten Umgangsformen. Pech für ihn, wenn dieser sich als Nonkonformist entpuppt, der in einem löcherigen Pulli auf einer Party erscheint, um dort seine Ansichten über Heidegger zu verbreiten. Der Nonkonformist schert sich nicht um die Meinung anderer und hat keine Mühe, seine Andersartigkeit mit schriller Kleidung, provokanten Ansichten und unangepasstem Verhalten zu demonstrieren. Die Illusion, einen gemeinsamen Bekanntenkreis zu unterhalten, sollte der Konformist sich selbst zuliebe aufgeben. Sein tadelloses Image stünde auf dem Spiel. Er selbst wäre einzig damit beschäftigt, seinen Partner zu ermahnen und vor seinen Freunden zu entschuldigen und würde so genau die Art sozialer Bevormundung ausüben, auf die der Nonkonformist allergisch reagiert…

Konservativ – modern

Der eine pflegt traditionelle Werte und einen gediegenen Stil, der andere geht mit der Zeit und mit der Mode. Der Konservative setzt auf Qualität und Dauerhaftigkeit. Seine Kleidung hält deshalb (leider) auch bis in alle Ewigkeit. „Das ist doch noch gut!", kriegt denn auch der Moderne zu hören, wenn er versucht, ein bisschen Pep ins Leben des Konservativen zu bringen. Er braucht nämlich das Neue als Lebenselixier. Er spürt den neuesten Trend und setzt ihn sofort um. Shoppen gehen ist deshalb auch seine liebste Freizeitbeschäftigung. Nur so kann er sein Styling immer auf den neuesten Stand bringen. Durch einen Einkaufsbummel lässt sich der Konservative dagegen selten inspirieren. Er weiß ohnehin, was er will, und braucht selten etwas Neues. In seiner Freizeit pflegt er dörfliches Leben und geht bevorzugt in Vereine, auf Feuerwehrfeste und Fastnachtssitzungen. Weil er sich mit seinen Eltern gut versteht (er hat dieselben Wertvorstellungen wie sie), lebt er auch gerne in deren ausgebautem Dachgeschoss. Er ist auf Sicherheit und Vorhersehbarkeit bedacht. Ein ordentlicher Beruf, eine eigene Familie, später ein eigenes Haus – das sind seine Wünsche ans Leben. Der Moderne ist weniger gut festzulegen. Es kann durchaus passieren, dass auch er heiratet, wenn das „in" ist.

Asket – Genießer

Der eine kommt mit einem Stückchen Bitterschokolade aus, der andere braucht Schokoladentrüffel satt, beiden gemein ist das absolute Unverständnis gegenüber der Lebensweise des anderen. Wie oft versucht der Genießer, den „armen" Asketen zu verwöhnen: das gemeinsame Wochenende in einem Wellnesshotel, das Candlelightdinner im Gourmettempel, der Urlaub auf einer Luxusyacht – vergebliche Liebesmüh! Dem Asketen verschaffen nun einmal andere Dinge Befriedigung: die Müdigkeit nach einem langen Dauerlauf, die kühle Zitronenlimonade an einem heißen Sommertag, die Bewältigung einer schwierigen Aufgabe – kurz: Anstrengung ist, was ihn befriedigt. Deshalb kann er auch nicht verstehen, warum jemand sich einfach so massieren lassen will, ohne vorher an einem strapaziösen Wettkampf teilgenommen zu haben. Den Urlaub verbringt er am liebsten damit, liegengebliebene Arbeit zu erledigen oder sich sportlich zu ertüchtigen. Für den Genießer eine freudlose Angelegenheit. Er faulenzt, er lässt sich gerne unterhalten oder zerstreuen, z.B. beim Einkaufsbummel oder beim Durchblättern von Zeitschriften. Er ist der geborene Konsument. Schicke Kleidung, gutes Essen, an einem Sommertag stundenlang in einem Straßencafé sitzen, das ist seins! Schade, dass dann der ungemütliche Asket schon nach 10 Minuten unruhig wird…

Sind die Unterschiede zwischen Ihnen und Ihrem Partner wie in den genannten Beispielen zu stark, wächst die Notwendigkeit, zumindest in Bereichen wie Geld, Freizeit, Freundeskreis Distanz zu schaffen und vielleicht sogar getrennte Wohnungen zu beziehen. Das ist definitiv der Abschied vom „Schlaraffenland Liebe" und seiner Forderung nach ständiger Nähe, es ist aber unter Umständen die Rettung Ihrer gegenseitigen Zuneigung und – noch wichtiger – *Ihres* positiven Lebensgefühls!

Geben Sie die Illusion auf, dass Ihr Partner sich noch in den „Richtigen" verwandelt, der Ihre Lebensvorstellungen und Interessen teilt. Akzeptieren Sie lieber die Unterschiedlichkeit Ihrer Charaktere und schaffen Sie den Raum, in dem Sie beide sich ungestört entfalten können. Hören Sie auf, sich eine fremde Lebensart anzueignen. Beginnen Sie noch heute, Ihr Leben nach Ihrer Vorstellung zu leben, und kommen Sie mit Ihrem Partner dort zusammen, wo auch wirklich Gemeinsamkeit herrscht.

Wenn Sie die Liebe als Luxus verstehen, verschieben sich Ihre Prioritäten: Das Leben nach Ihrer Façon wird zum zentralen Thema und löst den Mann als bisherigen Mittelpunkt Ihres Lebens ab. Nicht nur zu wissen, was Sie wollen, sondern es sich auch zu nehmen, nicht mehr darauf zu warten, dass Ihr Partner es Ihnen gibt, „erlaubt" oder unterstützt – das ist der erste Schritt in ein Leben nach Ihrer Façon. Das bedeutet auch, die ständige Nähe zum Partner dort zu verlassen, wo sie das eigene Glück verhindert.

Wenn Sie das beherzigen, könnte ein gemeinsamer Sonntag dann so aussehen:

Sie bevorzugen als Genießer ein langes, gemütliches Sonntagmorgenfrühstück, während Ihr asketischer Partner eine Joggingstunde absolviert. Über Mittag unternehmen Sie zusammen einen Ausflug, von dem Sie sich ein Stück Torte mitnehmen, das Sie auf der Terrasse genießen, während Ihr Mann am Schreibtisch arbeitet. Abends treffen Sie sich zu einem Abendspaziergang etc…

Auch wenn es Ihnen gewöhnungsbedürftig vorkommt, so Ihre Beziehung zu gestalten – die Mühe lohnt sich! Es wird Ihnen und Ihrem Partner besser gehen. Sie beide werden entspannter und glücklicher sein. Sie werden wieder in die Lage kommen, das, was Sie aneinander mögen, zu sehen. Und Sie werden sich nicht mehr entscheiden müssen zwischen Ihren Vorlieben und Ihrem Partner: Jetzt können Sie Ihr ganzes Potenzial ausschöpfen und Freiheit und Zufriedenheit kennen lernen. Jetzt wird es möglich, mit der Clique am Wochenende zu zelten und Sonntagabend in die Arme Ihres eigenbrötlerischen Freundes zu sinken. Das unbeschwerte Gemüt Ihres Geliebten bleibt ein Gewinn, wenn Sie sich nicht im Gegenzug mit seiner chaotischen Lebensführung auseinandersetzen müssen. Und auch das blitzsaubere, gepflegte Äußere eines Mannes ist noch lange ein Grund zur Freude, wenn er Ihnen nicht jeden Tag mit seiner Ordnungssucht auf die Nerven geht. Auch wenn Sie selbst Sachertorte bevorzugen, wissen Sie jetzt: Ihr Freund wird nach einer anstrengenden Wanderung seinen Apfel mit Butterbrot in vollkommenem Glück genießen. Er hat alles, was *er* braucht. Er darf seinen absonderlichen Geschmack in Kleidung und Einrichtung ausleben und Sie müssen nicht Ihr liebevoll dekoriertes Potpourri auf dem Flurschränkchen durch alte Batterien und Kleingeld entweiht sehen. Jeder darf so bleiben, wie er ist.

Und so könnte eine Ihrer Mini-Veränderungen für mehr Selbstliebe und Lebensglück aussehen:

☑ Sie notieren sich, wie Sie leben würden, wenn Sie alleine wären, und setzen zwei Punkte sofort um…

☑ Sie überlegen, auf welchen Gebieten extreme Unterschiede zwischen Ihrem Partner und Ihnen herrschen, und picken zwei davon heraus, die Sie von heute an getrennt absolvieren…

☑ Sie machen sich eine Liste der Vorlieben, die Ihr Partner nicht teilt, und widmen sich noch in dieser Woche einer davon alleine…

☑ Entsprechen Ihre Essens- und Schlafenszeiten noch Ihrer Façon? Wenn nicht, ändern Sie es!

☑ Zelebrieren Sie Ihnen lieb gewordene Gewohnheiten wie den Stadtbummel am Samstag oder das gemütliche Sonntagsfrühstück…

☑ Kultivieren Sie Ihre Eigenheiten, wie nie die Zeitung zu lesen, abends um zehn ins Bett zu gehen und Camembert mit Banane zu essen als charmante Merkmale Ihrer unverwechselbaren Persönlichkeit…

Sie haben jetzt schon ein beachtliches Stück auf dem Weg zu einem erfüllten, glücklichen Leben hinter sich, indem Sie sich selbst lieben gelernt haben: Sie befriedigen Ihre Grundbedürfnisse auf optimale Weise. Sie stärken sich den Rücken, Sie gehen souverän mit Krisen um, stehen zu Ihrer Persönlichkeit und haben damit begonnen, nach Ihrer Façon zu leben. Es geht weiter auf dem Weg zu einem zufriedenen Leben voller Glücksmomente, zu Ihrem Leben mit seiner ganz individuellen Bedeutung, zu Ihrem persönlichen Lebensthema.

Das Thema Ihres Lebens

Annika ist endlich „angekommen". Nie war sie so zufrieden mit sich und der Welt wie heute, ein Jahr nach dem Start ihres Kinderprojekts. Eigentlich nichts Besonderes, eine nachbarschaftliche Kinderbetreuung aufzuziehen. Trotzdem ist Annika stolz: Eine solche Idee zu haben ist eine Sache, sie zu realisieren eine andere. Sie hat es getan – mit großem Erfolg! Nicht nur Mütter, auch ältere Menschen, Teenager und Singles machen bei der Betreuung der Kinder mit: Die fünfzehnjährige Cora gibt ihnen Tanzunterricht, „Opa" Mensen geht mit ihnen zum Beerensuchen in den Wald und Frau Tiede zeigt ihnen, wie man einen platten Reifen repariert. So kommt jeder auf seine Kosten und hat Spaß an der Sache – auch Annika: „Hier mache ich, was ich am besten kann: Etwas bewegen, organisieren und Menschen miteinander verbinden."

Wollen Sie ein Leben führen, das sich auf Partnerschaft, Arbeit und eventuell noch Kindererziehung und Hausbau beschränkt, oder wollen Sie mit Ihrem Leben wie Annika Ihrem persönlichen Thema entsprechen?

Jedes Lebewesen hat seine ganz eigene, einzigartige Bedeutung für die Welt und sein Leben einen ganz besonderen Sinn. Wir alle sind Splitter eines großen Ganzen, das durch jeden Einzelnen von uns erst lebt und funktioniert.

Hinter jedem Menschen steht eine Idee, die er in der Welt realisiert. Sein „Thema" ist das, was sich in seinem Leben wie in einem Musikstück in Variationen wiederholt, es harmonisch und unverwechselbar macht und seinem Dasein Struktur und Charakter verleiht.

Mit Ihrem Lebensthema kommen Sie Ihrer ganz eigenen Mission nach. Es ist die Schnittstelle Ihrer Persönlichkeit mit der Welt, der Punkt, an dem Ihre individuellen Talente und Werte auf die Aufgaben treffen, die das Leben der Menschheit stellt. Wenn Sie herausgefunden haben, wo diese Schnittstelle bei Ihnen liegt, beginnen Sie ein Leben auf höchstem Niveau. Dann fangen Sie an, Ihr Leben wirklich zu gestalten und mit Sinn zu füllen. Während Sie Ihr Lebensthema verwirklichen, haben Sie das Gefühl, etwas zu bewegen, zu verändern und zu leisten. Es ist der Grund, warum Sie morgens mit Schwung aufstehen und sich abends zufrieden schlafen legen. Es ist das Ziel, das zu erreichen in *Ihren* Händen liegt. Und jetzt kommt es: „Einen Mann finden, der mich glücklich macht" – gehört nicht dazu!

Im Gegenteil, eine Frau schafft sich mit dem Lebensthema „Partnerschaft" die größten Probleme: Sie läuft Gefahr, alle anderen Ziele nur als vorläufige Unternehmungen zu betreiben und schließlich zur Seelsorgerin und Putze ihres Mannes zu verkommen. Dann wird sie sich nicht nur selbst um den Stolz auf eigene Leistungen bringen, sondern auch die Welt um das, was sie ihr bieten könnte. Und sie wird es wie die meisten anderen Frauen auch versäumen, selbst ihre Wirklichkeit so zu gestalten, dass sie darin ein Leben mit verschiedenen Facetten führen kann. Dann ist es sie selbst, die die Möglichkeiten ihrer eigenen Persönlichkeit erstickt und ihr Bedürfnis nach Sinn und Bedeutung frustriert.

Zu einem gelungenen Leben gehört, die eigenen Talente und Werte zu kennen und sie in Zielen zu verwirklichen. Wer das tut und sein

Lebensthema kennt, hat klare Prioritäten. Diese Fähigkeit, Entscheidungen bezüglich des eigenen Lebenswegs zu treffen, wird allerdings vom Glauben an die Liebe als Schlaraffenland gründlich hintertrieben. Denn dort erscheint es einer Frau als einzig nennenswertes Ziel, den „Richtigen" zu finden. Das vollkommene Glück, das er ihr bringen wird, lässt jedes andere Thema ohnehin verblassen. Ja, es kommt ihr sogar unsinnig vor, sich zu sehr auf eigene Vorhaben festzulegen, die sie in Abstimmung auf ihren künftigen Partner später sowieso in den Wind schießen wird. Also bleiben ihre Zielvorstellungen vage und vorläufig – nicht zuletzt, weil sie die Möglichkeit, Mutter zu werden, immer im Hinterkopf behält. Aber auch hier steckt sie sich selbst in eine Zwickmühle aus Passivität einerseits und unklaren Zielvorstellungen andererseits: Sie glaubt, im „Schlaraffenland Liebe" Kinder und Karriere „irgendwie" unter einen Hut bringen zu können. Weil sie aber schon ahnt, dass Kinder doch Einschränkungen mit sich bringen werden, fehlt ihr der nötige Ehrgeiz für berufliche Ziele.

Die Hoffnung auf den „Richtigen" verstellt ihr den Blick auf die realen Möglichkeiten, die in ihrer eigenen Person liegen. Es fehlt ihr an Fantasie, zu den traditionell weiblichen Lebensthemen Kinder und Familie Alternativen zu entwickeln, und das Selbstbewusstsein, sie zu verfolgen. Auf die Beziehung zum Mann als einzig relevantes Thema fixiert, schlittert sie mehr oder weniger in ihren Lebensweg hinein und trifft halbherzige Entscheidungen mit schwerwiegenden Konsequenzen: Sie wird schwanger, weil sie nach Schule oder Studium nicht weiß, wie es beruflich weitergehen soll, ihren Job nicht mag oder sich generell langweilt. Sie tut konsequent so, als sei ihr Partner der „Richtige", und ignoriert, dass er von Anfang an ihr die Hausarbeit überlässt, sich nach der Arbeit ausgiebig sportlich betätigt und schon heute keine Zeit für sie hat.

Jahre später hat die Realität sie eingeholt: Auch wenn auf vielen Fotos in Illustrierten ein Baby auf dem Arm und ein Kleinkind an der Hand unverzichtbare „Accessoires" schöner, erfolgreicher Frauen sind – Familie und Karriere sind nur in der Welt der Wohlhabenden problemlos vereinbar! Eine normale, berufstätige Mutter erwartet die Dreifachbelastung von Beruf, Haushalt und Kindererziehung. In der Regel muss sie einen Karriereknick hinnehmen und bleibt trotz eigenem Verdienst auf ihren Mann finanziell angewiesen. Sie erntet Mehrarbeit, Abhängigkeit und Verzicht. Jetzt merkt sie auch, dass es im Zweifelsfall sie ganz allein ist, die bezahlt: mit ihrer Kraft und mit ihrer Zeit und nach einer Trennung auch mit ihrer Verantwortung und ihrem Geld. Unsere Gesellschaft verweigert ihr konsequent Entlastung, bietet ihrem Mann aber genug Möglichkeiten, sich den gemeinsamen Aufgaben zu entziehen.

Schweden ist uns, was die Unterstützung berufstätiger Mütter anbelangt, um Welten voraus. In einem Land wie Frankreich ist man aufgrund der traditionellen Ganztagsschulen gewohnt, von Staat und Gesellschaft Entlastung bei der Erziehung der Kinder zu fordern. Eine deutsche Mutter dagegen hat immer noch große Scheu davor, ihr Kind in fremde Hände zu geben. Sie versteht Erziehung als etwas, das ausschließlich im privaten Bereich stattzufinden hat. Und deshalb gibt es hierzulande auch keine Solidarität unter Müttern und keinen Druck auf Männer und Politiker. So kann alles beim Alten bleiben. Männer und Staat sind aus dem Schneider. Wir Frauen aber sind blauäugig in die Falle getappt, in die uns unsere Vorstellung von der Liebe als Schlaraffenland gelockt hat.

Eine Mutter hat die Alternative, als Hausfrau gering bewertete Dienstleistungen zu vollbringen oder sich zusätzlich zum Haushalt in einer minder qualifizierten Teilzeittätigkeit zu erschöpfen – so lange, bis sie ihre Unzufriedenheit nicht mehr leugnen kann und glaubt, endlich eine Veränderung herbeiführen zu müssen. Sehr schnell macht sie ihren Mann als Schuldigen aus: Schließlich ist es ihm nicht gelungen, sie glücklich zu machen. Was liegt also näher, als sich von ihm zu trennen? Und das ist der

Punkt, an dem sich der falsche Traum vom „Richtigen" auch für ihre Kinder fatal auswirkt: Sie sind es, die unter dem Auseinanderreißen der Familie leiden und häufig die Rolle ihres Vaters als Gefährten der Mutter übernehmen. Sie sind es, die in emotionaler und geografischer Hinsicht zwischen ihren getrennten Elternteilen hin- und herpendeln und ihren Status und ihr Lebensgefüge von deren neuen Partnern und neuen Geschwistern bedroht sehen. Und all das nur, weil ihre Mutter es nicht geschafft hat, sich *unabhängig von ihrer Beziehungssituation um ihr eigenes Wohl zu kümmern und ihr Glück in sich selbst zu finden!* Wenn eine Frau aber beginnt, sich auf sich selbst zu konzentrieren, kann sie sich der Möglichkeiten ihrer Person bewusst werden. Wenn sie ihr Lebensthema verwirklicht, kann sie nicht nur ihr eigenes Leben, sondern auch die Gesellschaft gestalten.

Es ist gar nicht so schwer, das eigene Thema zu finden, denn es ist schon immer da gewesen. Es muss nur noch „aufgespürt" werden. Es kommt aus Ihren Wertvorstellungen und Wünschen, aus den Sehnsüchten, die Sie schon immer mit sich herumtragen. Es liegt den Vorlieben und Verhaltensweisen zugrunde, die sich immer wieder Bahn brechen und Ihnen sogar manchmal einen Strich durch Ihre Lebensplanung machen. Es liegt in Ihren glücklichsten Momenten, in Ihren Talenten und Kompetenzen, in dem, worauf Sie stolz sind, was Sie lieben und worin Sie Sinn und Erfüllung sehen.

Sie sind nicht umsonst, wie Sie sind! Niemand hat dieselbe Kombination Ihrer Talente, Neigungen und Interessen. Und in dieser Einzigartigkeit liegt nicht etwa eine Option, sondern eine Verpflichtung! Ihre Kompetenzen und Talente wurden Ihnen gegeben, damit Sie Ihren Beitrag zum Weltgeschehen leisten und sich selbst das Glück und die Energie schenken, die nur dann entstehen, wenn Sie das tun, was Ihnen ganz entspricht.

Vielleicht ist es Ihr Talent, zu planen und zu organisieren. Vielleicht sind Sie Meister darin, Ordnung zu halten, fitzelige Detailaufgaben zu lösen oder jemandem etwas beizubringen: Talente und Kompetenzen finden sich überall, nicht nur im musischen Bereich. Bestimmt wurden Sie schon für die eine oder andere Leistung gelobt: für die perfekte Organisation eines Seminars oder für einen mitreißenden Vortrag. Nicht nur die Anerkennung von anderen ist ein Hinweis auf Ihre Talente, sondern auch die Momente, in denen Sie besonders zufrieden sind. Das, was Sie so fesselt, dass Sie alles um sich herum vergessen. Das, womit Sie sich einfach gerne beschäftigen – Blumen, Papier, Stoffe oder technische Dinge. Das, was Ihnen schon als Kind Spaß gemacht hat: mit Hingabe zu singen, unbekümmert, ob Sie jeden Ton treffen, oder Stunden und Tage auf dem Klavier des Onkels rumklimpern, ohne auch nur eine Note zu kennen. Wo ist der Wunschtraum, den Sie sich noch nicht zu erfüllen wagten? Saxophon spielen lernen oder das Rezept für Salzburger Nockerln ausprobieren? Wo sind die augenfälligen Besonderheiten Ihrer Persönlichkeit und Ihrer Vorlieben?

Brit liebt es, in ihren zahlreichen Nachschlagewerken zu blättern und zu lesen – einfach aus Interesse an der Welt. Wenn sie mit großer Fachkenntnis ihre Blumen pflegt, ihre selbst gezogenen Tomaten erntet oder Vögel im Wald beobachtet, genießt sie sich selbst als Teil der Natur. Ihre Beziehungen zu anderen   sind immer aufrichtig und tiefgründig. Sie weiß, was zu ihr passt, und sie will Qualität. „Weniger ist mehr" – das gilt für alle Bereiche ihres Lebens.

„Wissen, vertiefen, ursprünglich leben" – mit diesen Worten ließe sich Brit am besten beschreiben... Und wo kommen Sie mit den Dingen in Berührung, die Ihnen am Herzen liegen? Wie gehen Sie vor, wenn Sie etwas tun? Was entspricht Ihren Idealen und Wertvorstellungen?

Tamara träumt von einem eigenen Haus. Sie möchte sich ein richtiges Nest bauen und hat schon eine Menge Ideen, wie alles auszusehen hat. Sie bastelt und dekoriert für ihr Leben gern und verfügt über großes handwerkliches Geschick. Außerdem ist es ihr wichtig, etwas aus ihren Anlagen zu machen und auch andere zu ermutigen, das Beste aus sich herauszuholen. In ihrem Beruf als Lehrerin geht sie deshalb immer besonders auf die individuellen Talente der Kinder ein.

„Ein Nest bauen, gestalten, fördern" – das sind wohl die drei Worte, in denen sich Tamara mit ihren Zielen und Bedürfnissen wiederfindet. Und mit diesen drei Worten hat sie auch schon ihr Lebensthema für sich formuliert.

Wieder kommt es darauf an, dass Sie sich selbst so unvoreingenommen wie möglich betrachten und das, was fremd ist und nicht zu Ihnen gehört, trennen von dem, was Sie wirklich ausmacht. Dann stoßen Sie auf das, was sich auffällig oft wiederholt, und bringen Ähnliches auf einen gemeinsamen Nenner, bis am Schluss die drei wichtigsten Punkte übrig bleiben.

Silvies größtes Bedürfnis ist, anderen zu helfen. Es vergeht kein Tag, an dem Sie nicht einer alten Dame den Fahrkartenautomat erklärt oder eine Freundin mit Liebeskummer am Telefon tröstet. Sie setzt Schnecken, die die Straße überqueren wollen, ins sichere Gras zurück und verteidigt beherzt eine Kollegin vor ihrem Chef. Sie unternimmt viel, um alte Freundschaften aus ihrer Schulzeit zu bewahren, und liebt alte, angestaubte Dinge, die ihr wie das Kaffeeservice ihrer Großmutter ein heimeliges Gefühl vermitteln.

Will man Silvie beschreiben, fallen einem sofort Begriffe wie „helfen", „beschützen" und „bewahren" ein. Und diese drei Wörter sind es auch, die Silvies Persönlichkeit am meisten gerecht werden. „Helfen, beschützen, bewahren" – das ist, was ihr wichtig ist, was sie am liebsten tut, was sie befriedigt und erfüllt. „Helfen, beschützen, bewahren" ist das Thema ihres Lebens.

Mareike sucht die Debatte. Keine berufliche Anordnung, keine allgemeine Aussage, die sie nicht hinterfragt. Autoritäten engen sie ein. Ihre Kinder hat sie mit großem Engagement zu selbstständigem Denken und Handeln erzogen. Nur so und in der Auseinandersetzung mit der Meinung anderer können sie – daran glaubt sie – der Wahrheit näherkommen und persönlich wachsen.

„Hinterfragen, eigenständig handeln, wachsen" – so könnte wiederum Mareikes Lebensthema lauten.

„Hinterfragen, eigenständig handeln, wachsen" – diese drei Worte hintereinander gesprochen haben die Magie einer Zauberformel. Denken Sie nur an das Motto der französischen Revolution: Liberté, Egalité, Fraternité! – Das hat Spannung, Dichte und Kampfgeist! Mit einer Formel wie „Helfen, beschützen, bewahren" konzentrieren auch Sie sich automatisch auf das Wesentliche in Ihrem Leben. Sie finden die Harmonie eines Dreiklangs, eines abgerundeten Themas, Ihre Bedeutung für das Ganze, Ihre spirituelle Dimension.

Was für ein Aha-Erlebnis, auf das eigene Lebensthema zu stoßen! Jetzt finden Sie den roten Faden in Ihrem Leben. Plötzlich herrscht Klarheit und diese Klarheit setzt Energie frei. Von da an ist es nur noch ein kleiner Schritt zur Verwirklichung Ihres Lebensthemas. Schon allein die Formulierung, das Bewusstwerden Ihrer individuellen Bedeutung bringt Ihre Entscheidungen und Handlungen in eine bestimmte Richtung. Ihr Thema ist sowieso schon immer da und mit Händen zu greifen gewesen. Um es zu verwirklichen, brauchen Sie weder auszuwandern noch sich scheiden zu lassen. Sie beginnen völlig unspektakulär damit, eine Viertelstunde in der Woche Ihrem Lebensthema bewusst zu widmen. Eine Viertelstunde, in der Sie z.B. wie Silvie auf dem Trödelmarkt stöbern oder wie Brit einen Spaziergang im Wald machen. Nur eine Viertelstunde, die Sie in selbstvergessenem Tun verbringen, wird zu Momenten, die Ihr Herz weit machen, zum Glück, das Sie selbst produzieren, bis Sie immer mehr davon wollen... Schon mit diesen kleinen Veränderungen bringen Sie den Stein ins Rollen und geben Ihrem Leben eine neue Wendung. So, wie sich ein Kompass ausrichtet, wird sich auch Ihr Leben nach Ihrem Thema richten – leicht und wie von selbst. Und wenn Sie dann Kinder haben möchten oder als Hausfrau arbeiten, dann, weil Sie es als Teil Ihres Lebensthemas betrachten und nicht mehr als Notlösung in einem Leben ohne eigene Richtung.

Und so könnte Ihre Mini-Veränderung auf dem Weg zu mehr Selbstliebe und Lebensglück aussehen:

☑ Ich überlege mir heute, bei welchen Tätigkeiten ich mich am wohlsten fühle, womit ich mich am liebsten beschäftige und wofür ich kämpfen würde...

☑ Morgen filtere ich die drei wichtigsten Punkte heraus und formuliere mein ganz persönliches Lebensthema...

☑ Mein Thema schreibe ich mit Schönschrift auf einen Zettel, den ich immer bei mir trage...

☑ Immer am ... .tag um ... ...Uhr widme ich eine Viertelstunde meinem Lebensthema...

Jetzt sind Sie auf der höchsten Stufe menschlichen Daseins angelangt, zufrieden, voller Vertrauen in Ihre Fähigkeiten und stolz auf Ihre Leistungen. Jeden Tag spüren Sie den Sinn Ihres einzigartigen Lebens. Jeden Tag spüren Sie die Liebe und das Glück, das Sie sich selbst schenken.

Schlusswort

Lassen Sie sich nichts anderes einreden: Eine Frau, die Stärke und Macht ausstrahlt, ist sexy, eine Frau, die ihr Leben genießt, ungemein erotisch, eine Frau, die unabhängig ist und sich nimmt, was sie braucht, äußerst attraktiv! Unsicherheit, Abhängigkeit und Hilflosigkeit definieren nicht länger Weiblichkeit! Spielen Sie auf! Und lassen Sie das „Schlaraffenland Liebe" hinter sich. Es ist eine Mogelpackung. Es wird Sie in Ihrem Leben immer nur ausbremsen.

Sich selbst lieben, die eigenen Bedürfnisse wahrnehmen und befriedigen, ein zielgerichtetes, sinnvolles Leben führen und nach der eigenen Façon leben – diese Selbstliebe befreit die Liebe zwischen Mann und Frau von einer Menge Ansprüche, die dort sowieso nichts zu suchen hatten. Die Liebe als Luxus zu betrachten ist eine zeitgemäße Fortführung der Emanzipation der Frau vom gesellschaftspolitischen Bereich hinein in die emotionalen Beziehungen zu anderen und in die Beziehung zu sich selbst. Sie zielt darauf, die Verantwortung für das eigene Wohlergehen und Leben zu übernehmen. Sie macht Sie unabhängig und entlastet Ihren Mann. Ihre Beziehungen werden entspannter. Weil Sie lernen, Glück für sich selbst zu produzieren, wird Ihr Mann auf einem ganz anderen Niveau gefordert: Er muss sich jetzt anstrengen, um Ihnen zu gefallen. Er muss mit so vielen anderen Bereichen konkurrieren, die Sie glücklich machen. Und er ahnt, dass er sich nicht halb so gut um Sie kümmern kann, wie Sie es tun…

Lieben Sie sich.
Leben Sie nach Ihrer Façon.
Verwirklichen Sie Ihr Lebensthema.
Und genießen Sie den Luxus der Liebe.

Quellennachweis

(1) Shakespeare, William: Romeo und Julia, Reclam, Stuttgart 2002, S. 51.

(2) „Es lässt sich (…) feststellen, dass Eltern von Mädchen im Kindergarten-alter gemeinhin mehr Anpassung und Gehorsam verlangen, während sie von Jungen im Kindergartenalter stärker Leistung und Unabhängigkeit fordern." Fried, Lillian: Junge oder Mädchen? Der kleine Unterschied in der Erziehung, http://www.familienhandbuch.de/cmain/f_Fachbeitrag/ a_Kindheitsforschung/s_142.html, 24.12.07, S. 5.

(3) Dasselbe geschieht im Kindergarten: „Mädchen werden eher ermu-tigt, sich zurückzuhalten, während Jungen öfter bestärkt werden, ihren Impulsen zu folgen." Ebd. S. 6.

(4) „Zärtlichkeit" nannten laut einer Studie von Hannelore Faulstich-Wieland Mütter als wichtigstes Erziehungsziel für ihre Töchter, für ihre Söhne dagegen „Ehrgeiz". Faulstich-Wieland, Hannelore: Geschlecht und Erziehung, Darmstadt 1995, S. 98 - 103.

(5) „Bereits im Alter zwischen 10 und 14 leisten Mädchen täglich eine Viertelstunde länger Hausarbeit als gleichaltrige Jungen. (…) Nach der

Pubertät wirken die kindlichen Lernprogramme doppelt: Im Alter von 15 bis 20 Jahren sind junge Frauen bereits täglich eine halbe Stunde länger mit Hausarbeit eingedeckt als junge Männer." Pinl, Claudia: Wo bleibt die Zeit? http://www.pbp.de/publikationen/CRWJ8M,0,Wo_bleibt_die_Zeit.html, 20.04.08, S. 1.

(6) „Jungen entwickeln zwischen 10 und 15 Jahren ein deutlich höheres Selbstvertrauen als Mädchen, die bei gleichen Schulleistungen ein schwächeres Selbstwertgefühl und Leistungsbild sowie mehr Schulangst haben." Schneider, Wolfgang: Sozialisation in Schule und Hochschule, http://www.psychologie.uni-wuerzburg.de/i4pages/Download/Schneider Lehramt SS 05/06-28-5.pdf, 30.04.08, S. 29.

(7) Wilde, Oscar: Ein idealer Gatte, Reclam, Stuttgart 1991, S. 71.

Bibliographie

Faulstich-Wieland, Hannelore: *Geschlecht und Erziehung: Grundlagen des pädagogischen Umgangs mit Mädchen und Jungen.* Wissenschaftliche Buchgesellschaft, Darmstadt 1995.

Fried, Lillian: *Junge oder Mädchen? Der kleine Unterschied in der Erziehung.*
http://www.familienhandbuch.de/cmain/f_Fachbeitrag/a_
Kindheitsforschung/s_142.html, 24.12.07.

Mähler, Débora: *Mädchen und Jungen in Europa: Geschlechtsspezifische Unterschiede in der Identität.*
http://www.uni-koeln.de/phil-fak/psych/entwicklung/forschung/
identitaet/pdf-files/DPGS Maehler pdf, 25.12.07.

Pinl, Claudia: *Wo bleibt die Zeit? Die Zeitbudgeterhebung 2001/02 des statistischen Bundesamtes.*
http//www.bpb.de/publikationen/CRWJ8M,0,Wo_bleibt_die_Zeit.html,
20.04.08.

Prof. Dr. Schneider, Wolfgang: *Sozialisation in Schule und Hochschule.*
http://www.psychologie.uni-wuerzburg.de/i4pages/Download/
Schneider_LehramtSS05/06-28-5.pdf, 30.04.08.

Kontakt

Irene Goldmann
Brunnenweg 57
64297 Darmstadt
Tel.: 06151/9519067
e-mail: carinamaier@ymail.com

Wie Sie herausfinden, wann Ihre Beziehung wirklich zu Ende ist und was Sie tun können, um sie zu retten

Chuck Spezzano

Taschenbuch, 120 Seiten – ISBN 978-3-86616-108-5

Heute sind (vor)schnelle Trennungen an der Tagesordnung, weil jeder glaubt, er könne beim nächsten Partner das Glück finden, das der gegenwärtige Partner ihm scheinbar nicht geben kann. Die Chance, in einer bestehenden Beziehung zu echter Partnerschaft zu gelangen, wird so oftmals voreilig und leichtfertig vergeben. Der erfahrene und weltweit bekannte Beziehungsexperte macht im vorliegenden Buch klar, was eine Beziehung zerstört und was sie zu stärken vermag. Er vermittelt Prinzipien der Heilung, die dazu beitragen können, eine Beziehung aus dem gefährlichen Fahrwasser einer drohenden Trennung herauszuführen, und er zeigt eine „narrensichere" Methode auf, die es einem oder beiden Partnern ermöglicht, zweifelsfrei festzustellen, ob ihre Beziehung wirklich zu Ende ist oder nicht.

50 Wege, die wahre Liebe zu finden

Chuck Spezzano

5. Auflage

Hardcover, 208 Seiten, ISBN 978-3-936486-10-0

Dieses Buch richtet sich an diejenigen, die auf der Suche nach ihrem wahren Partner sind. Aber auch an all jene, die ihren Partner bereits gefunden haben und Unterstützung auf dem eigenen Beziehungsweg suchen. Der Autor macht deutlich, dass es nicht damit getan ist, den richtigen Partner zu finden, es bedarf auch des Wunsches, mit diesem Partner zusammen glücklich zu werden. „Wenn du deinen Partner gefunden hast, geht die Reise erst richtig los!", so Chuck Spezzano. Aufgrund der universalen Gültigkeit der vorgestellten Beziehungs-Prinzipien lassen sich diese auch auf andere Lebensbereiche übertragen. Ob der Leser einen neuen Arbeitsplatz oder Unterstützung beim nächsten Schritt in seinem Leben sucht oder ob er sich allgemein mehr Erfolg, Glück und Gesundheit wünscht – immer wieder kann er dieses Buch zur Hand nehmen.

Karten der Liebe

Chuck Spezzano

3. Auflage

84 farbige Kunstdruckkarten mit farb. Begleitbuch –ISBN 978 3-936486-08-7

Einige Menschen scheinen größeres Glück in der Liebe zu haben als andere, aber es steckt mehr dahinter. Der Verfasser zeigt auf anschauliche Weise, wie der aufmerksame Leser mit Hilfe der 84 Karten seine Chancen für eine glückliche und erfolgreiche Liebesbeziehung vergrößern kann. Die Karten sind in die vier Kategorien Heilung, Glück, Gnade und Probleme unterteilt. In dem dazugehörigen Begleitbuch werden alle intuitiv gezogenen Karten und ihre jeweiligen Bedeutungen ausführlich beschrieben. Außerdem werden verschiedene Befragungsbeispiele und Legesysteme vorgestellt. „Die Karten der Liebe" sind sowohl für Menschen gedacht, die noch nach ihrer ganz besonderen Beziehung suchen oder die gerade am Anfang einer Beziehung stehen, als auch für Menschen in einer langfristigen Beziehung, für die die Karten Erkenntnis vermitteln und Hilfe sind. Sie zeigen nicht nur die schönen Seiten der Liebe wie Vertrauen, Lachen und Glück, sondern auch ihre Fallen wie Erwartungen, Kontrolle, Eifersucht und Opfersein, die es zu vermeiden gilt, damit die Liebe nicht schal wird.

Karten der Partnerschaft
Liebe in Partnerschaft und Beziehungen
90 künstlerisch gestaltete, farbige Karten mit Begleitbuch
Chuck Spezzano

ISBN 978-3-86616-090-3

Die Karten der Partnerschaft wollen dazu beitragen, eine Beziehung auch dann lebendig zu erhalten, wenn die Phase der ersten Verliebtheit vorbei ist, und sie wollen dem Paar, das sie befragt, dabei helfen, erfolgreich alle Hindernisse und Klippen zu umschiffen, die jede Beziehung überwinden muss, um auf lange Sicht glücklich und erfolgreich sein zu können.Wie schon bei den Karten des Lebens hat die Künstlerin Petra Kühne auch hier wieder zu jedem Thema der insgesamt 90 Karten ein vollendetes kleines Kunstwerk geschaffen. Ein Begleitbuch erläutert die Bedeutung jeder Karte, zeigt Prinzipien auf, die verstehen helfen, was eine Beziehung voranbringt und was sie zurückhält, und macht Vorschläge für mögliche Befragungen. Die Karten der Partnerschaft sind eine wirklich gelungene Fortsetzung der bereits vor einigen Jahren bei Via Nova erschienenen Karten der Liebe und knüpfen nahtlos an deren großen Erfolg an.

Liebe als Erfüllung aller Wünsche
Eine praktische Liebestherapie
Jürg Theiler

Paperback, 256 Seiten – ISBN 978-3-86616-110-8

Die Menschen sehnen sich nach Liebe, einer dauerhaften Liebesbeziehung, und setzen oft ihre ganze Energie ein, sie zu verwirklichen, weil sie dadurch Glück und Erfüllung erwarten.Warum gelingen aber solche Beziehungen häufig nicht oder zerbrechen wieder nach kurzer Zeit? Der Tiefenpsychologe Jürg Theiler ergründet in diesem Buch die psychischen Ursachen für Gelingen und Misslingen von Liebesbeziehungen, auch an Beispielen. Er erklärt, wie die in der Evolution des Lebens entwickelten Gehirnteile in der Psyche des Menschen unterschiedliche Bedürfnisse und Wünsche erzeugen, die einander oft widerstreiten, sich aber auch gegenseitig ergänzen und zusammen der Erhaltung und Weiterentwicklung des Lebens dienen und nur durch die Liebe in Einklang gebracht werden können. Durch eine bestimmte Fragetechnik und 36 „Ein-Sichten" kann der Leser seine psychische Ausgangslage und den Weg erkennen, wie er mit seinem Partner, seiner Partnerin seine Wünsche nach Liebe erfüllen kann.

Das Wir-Gefühl leben
Die Überwindung des täglichen Egoismus • Ein Beziehungsbuch
Sabine Schönbrunn-Otto – Klaus Otto

Paperback, 188 Seiten – ISBN 978-3-86616-077-4

In unserer Epoche entfaltet sich offenbar ein neues Bewusstsein über die Zusammenhänge des Lebens und des Seins. Das vorliegende Buch regt den Leser an, sich selbst zu erforschen, seine Möglichkeiten, Freiheiten und Abhängigkeiten zu erkennen und sich aus seiner Ich- bzw. Du-Bezogenheit weiterzuentwickeln zu einem Wir-Bewusstsein der Partnerschaft, des Gemeinsinns, der mitmenschlichen Vernetzung. Die Autoren fordern die Leser auf, für ihr Leben selbst die Verantwortung zu übernehmen, nicht andere für Defizite und Verletzungen verantwortlich zu machen, sich vielmehr ihrer Intuition zu öffnen und ihr bei der Lösung ihrer Lebensaufgaben zu vertrauen. Aus ihrer Erfahrung als Therapeuten beschreiben und erklären sie Fallbeispiele – wie Kommunikations- und Beziehungskonflikte, Eltern-Kind-Probleme, Zwänge und innere Verletzungen im Privat- und Berufsleben – und zeigen Verhaltensweisen, Methoden und Übungen auf, wie man solche Probleme lösen und in den verschiedenen zwischenmenschlichen Beziehungen authentisch und glücklich leben kann.

Leben heißt Loslassen
Alles, was wir festhalten, hält auch uns fest
Matt Galan Abend

3. Auflage

Hardcover, 168 Seiten – ISBN 978-3-86616-024-8

Das Besitz anzeigende Fürwort MEIN ist sicher eines der meist gebrauchten Wörter unserer Sprache. Aber in Wirklichkeit ist nichts von dem, was wir für MEIN halten, wirklich unser Eigentum. Menschen schon gar nicht, und auch die materiellen Besitztümer, die wir mal mehr, mal weniger zur Verfügung haben, sind Leihgaben, mit denen wir eine Weile spielen dürfen. Wenn das Spiel unseres Lebens abgepfiffen wird, verlassen wir das Spielfeld, aber die Dinge können wir nicht mitnehmen. Fällt uns das Loslassen bei Dingen noch einigermaßen leicht, so haben wir große Schwierigkeiten mit dem Loslassen gegenüber unseren Kindern, Partnern, Freunden, unseren Vorstellungen, Plänen, Wahrheiten – die Liste lässt sich leicht verlängern. Wir machen uns gar nicht klar, wie viel Energie uns das Festhalten kostet. Aber nur wenn wir loslassen, können wir uns dem ständigen Wandel des Lebens, dem Entstehen und Vergehen, dem Kommen und Gehen anvertrauen, nur dann können wir im Fluss der Schöpfung sein.

Verwirkliche dein Potenzial
Uneingeschränkter Erfolg in allen Lebensbereichen
Nick Williams

Paperback, 296 Seiten – ISBN 978-3-936486-30-8

Der führende Unternehmensberater Nick Williams definiert Erfolg in diesem wunderbaren Buch neu, vermittelt erstaunliche Erkenntnisse und gibt wertvolle praktische Ratschläge, wie wir unsere Ziele erreichen können. Er nimmt uns mit auf eine Entdeckungsreise zum uneingeschränkten Erfolg und beleuchtet dabei verschiedene Aspekte unseres Lebens. Er zeigt uns, wie wir durch eine Verschiebung der Perspektive von Mangel zu Fülle, von Langeweile zu Kreativität, von Angst zu Sicherheit, von geringem Selbstbewusstsein zu Kraft, von Isolation zu Verbundenheit gelangen und unser wahres Selbst leben können – zu unserer eigenen Freude und zum Wohl unserer Mitmenschen. Der Autor will seinen Lesern helfen, wieder Zugang zu der Quelle in ihrem Inneren zu bekommen und aus dieser Kraft heraus ihre Träume zu verwirklichen. Inspirierend und praktisch zugleich, ermutigt dieser hilfreiche Ratgeber, Schritt für Schritt die einzigartige Beziehung zum eigenen Wesen wieder herzustellen.

Medizin für die Seele
Lebens- und Seelenkräfte im Alltag mobilisieren
Prof. Franz Decker

Paperback, 224 Seiten, 32 Grafiken – ISBN 978-3-86616-115-3

Für viele Menschen ist es heute sehr schwierig, den Herausforderungen des Alltags in unserer komplexen, schnelllebigen Welt gerecht zu werden, das eigene Leben selbstverantwortlich zu gestalten und sinnvoll und erfüllt zu leben. Prof. Franz Decker zeigt in seinem Buch diese Probleme auf, aber auch Möglichkeiten, die „Überlebenskräfte", die unerschöpflichen Kraftquellen der Seele und des Geistes, zu wecken und zu entwickeln, um in seelischem Gleichgewicht, mit Freude, Gelassenheit, Mut und Zuversicht das Leben zu bestehen. Das Buch erwuchs aus eigener Erfahrung und basiert auf den neuesten Erkenntnissen, dass durch eine entsprechende Neuorientierung und Seelenprogrammierung ein erfülltes und ausgeglichenes Leben möglich ist. Beispiele veranschaulichen und überzeugen. Es bietet sehr einprägsam ein Programm zur Förderung der Lebens- und Seelenkräfte im Alltag sowie Übungen zur Entspannung, Besinnung, Meditation, mentalen Lebensänderung und emotionalen Stabilisierung.des Arbeitsplatzes ausgelöst wurde. Dieses Buch wird zu einem Ratgeber, Lehrer und weisen Freund werden, der dem Leser jederzeit hilfreich zur Seite steht.

Das Geheimnis der richtigen Schwingung
Anleitung für ein wunder-volles Leben
Jill Möbius

2. Auflage

Hardcover, 232 Seiten – ISBN 978-3-86616-000-2

Alles, so die Autorin, ist eine Frage von Schwingung und Resonanz. Auf fundierte und leicht verständliche Weise vermittelt dieses Buch, wie das Resonanzprinzip als grundlegendes Gesetz unsere Realität, unseren Körper und unser Schicksal prägt – und wie wir dieses Wissen spielerisch nutzen können, um ein erfülltes und erfolgreiches Leben zu gestalten: Wie es wirkungsvoll gelingt, die Realität im Voraus so zu programmieren, dass sich Wünsche erfüllen und sogar Wunder möglich werden; wie man effektive, kraftvolle Wege der Selbstheilung nutzt, um Gesundheit, Jugendlichkeit und Vitalität zu steigern; wie man inneren Frieden findet und es schafft, in jeder Situation in sich selbst zu ruhen; wie man seine Schöpferkraft wirksam einsetzt, um eine friedvolle globale Zukunft mit zu erschaffen. Viele wirkungsvolle Übungen ermöglichen die direkte Umsetzung der Erkenntnisse im Alltag. Ein unterhaltsames, praxisnahes Handbuch zur Steigerung des Bewusstseins, der Lebensfreude und Lebensqualität.

Aus der Weisheit des Herzens leben
Eine praktische Anleitung für das innere Wachstum durch Liebe
Joyce und Barry Vissell

Paperback, 264 Seiten – ISBN 978-3-86616-025-5

Für viele Paare bedeutet eine Beziehung eine Welle frischverliebter Seligkeit, gefolgt von Schwierigkeiten und Enttäuschungen und schließlich einer Trennung. Mit 35 Jahren Ehe und 25 Jahren klinischer Erfahrung im Rücken haben die beiden Bestseller-Autoren Joyce und Barry Vissell Hunderten von Menschen dabei geholfen, diesen Zyklus fehlgeschlagener Beziehungen zu durchbrechen, indem sie ihnen zeigen, dass eine Beziehung eine Möglichkeit ist, als Individuum zu wachsen – sich tief nicht nur mit einem anderen Menschen zu verbinden, sondern auch mit seinem eigenen Herzen. Sie werden lernen: wie Sie einen echten Lebensgefährten finden, die wichtigsten Zutaten zu jeder Beziehung, warum so viele Leute sich vor Intimität fürchten wie Sie Eifersucht, Kritik und Beschuldigen in Wachstum verwandeln können, warum „Nein"-Sagen ein fundamentaler Schritt ist, lieben zu lernen, wie Sie eine blockierte sexuelle Beziehung heilen können und vieles mehr.

Liebe und werde, der du bist
Erfahrungen, Einsichten, Hinweise, Übungen
Axel Klimek

Paperback, 256 Seiten – ISBN 978-3-928632-73-7

„Wenn es etwas zu verändern gibt, dann kann ich die Verantwortung dafür übernehmen und es ändern." Dieses Buch hat das Potenzial, ein Leben zu verändern. Liebe, nicht als Gefühl, sondern als Verständnis, als Weg zu Ganzheit und Entfaltung: Was damit gemeint ist, beschreibt der Autor einfühlsam und klar. Eine neue innere Haltung wird entwickelt, in welcher der Mensch sich als Teil des Ganzen begreift. Schritt für Schritt führt der Autor – mit dem Fokus, Trennendes zu überwinden – den Leser durch die wichtigsten Themen des menschlichen Lebens. Angefangen vom Annehmen eigener ungeliebter Anteile bis hin zur Erfahrung, mit der Welt ganzheitlich verbunden zu sein. Eine Fülle praktischer Übungen, die jeder für sich machen kann und die das Gelesene konkret werden lassen, bilden einen aufeinander aufbauenden Übungsweg hin zu der Gewissheit von Liebe als stets vorhandener Kraft von Heilung und Erweiterung.